U0404994

雅斯贝尔斯著作集

# 论悲剧

梁 靓 译

华东师范大学出版社
· 上海 ·

**图书在版编目（CIP）数据**

论悲剧/（德）卡尔·雅斯贝尔斯著；梁靓译.—
上海：华东师范大学出版社，2020
（雅斯贝尔斯著作集）
ISBN 978-7-5760-0493-9

Ⅰ.①论… Ⅱ.①卡…②梁… Ⅲ.①雅斯贝尔斯（Jaspers，Karl 1883-1969）—哲学思想 Ⅳ.①B516.53

中国版本图书馆CIP数据核字（2020）第232262号

雅斯贝尔斯著作集
论悲剧

著　　者　（德）卡尔·雅斯贝尔斯
特约策划　李雪涛　马健荣
译　　者　梁　靓
策划编辑　王　焰
责任编辑　朱华华
责任校对　时东明
装帧设计　高　山

出版发行　华东师范大学出版社
社　　址　上海市中山北路3663号　邮编200062
网　　址　www.ecnupress.com.cn
电　　话　021-60821666　行政传真021-62572105
客服电话　021-62865537　门市（邮购）电话021-62869887
地　　址　上海市中山北路3663号华东师范大学校内先锋路口
网　　店　http://hdsdcbs.tmall.com/

印 刷 者　上海中华商务联合印刷有限公司
开　　本　890×1240　32开
印　　张　4.75
插　　页　2
字　　数　102千字
版　　次　2021年1月第1版
印　　次　2022年12月第2次
书　　号　ISBN 978-7-5760-0493-9
定　　价　59.80元

出 版 人　王　焰

# 汉译凡例

**一、结构**

本著作集每一本译著的结构是一致的：除了原书的翻译部分之外，书后附有“解说”、“索引”、“译后记”。“解说”主要对本书的主题、时代背景等进行说明；“译后记”主要对翻译的情况与问题进行交代。已出版的德文单行本大都没有索引，中文索引主要依据日译本、英译本编纂而成。正在陆续出版的德文全集版只有“人名索引”，中文版除“人名索引”外，增加了“事项索引”。

**二、标题**

雅斯贝尔斯德文原著的标题、标号较之一般著作颇为特殊，但从目录上基本可以体现他对某一研究的整体设计和他自己哲学思想的结构。在编辑过程中，采用以德文原版为准，同时参考日译本的处理方式。

**三、注释**

雅斯贝尔斯著作的德文原著，大部分使用的是尾注，也有部分的著作用页下注。本书正文注释，不论是原注，还是译注，统一都以尾注的方式出现，均连续编号。

**四、专用名词、术语、人名**

重要的专用名词和术语以及人名的翻译，可在“事项”、“人名”索引中查到。

# 目　录

# 导言　论作为本源直观的宗教、艺术和文学

人之为人就在于对真理的基础的探寻。真理永远为他而存在，并且借助某种语言而存在于他之中，无论这一语言有多么粗略与模糊。

就方法论的确立而言，做哲学[1]产生了一次飞跃。但通过这一飞跃，从前令人满意的真理意识的正确性依然不会动摇。在这真理意识中蕴含着诸多本源性的精神的直观，它们产生于久远的历史流传物，以形象、行为、历史向人们述说着真理。神话的力量、启示的权威、生活的严酷都是现实。诸多基本问题不是通过反省，而是通过无可辩驳的事实得到了回答，而这回答又并非是通过理性的意识给出的：为何人会有现今的如此这般的状态？原罪与普罗米修斯的神话做出了回答，并同时设定了人的使命；我如何获致我本质上的纯洁性，如何获得解脱，以及如何获得存在中的安宁？神秘祭礼、宗教仪式、生活方式给出了答案并指明了道路。

当哲学作为方法论指导下的思想而发轫之时，用以表达诸多本源直观的语言也获致了其最大的清晰性、成熟性及威力——这个时代就是公元前600至300年。

做哲学一方面激活并提升了这些本源直观，另一方面又为这些直观的深度所触动；做哲学与这些直观有着密不可分的关系，它或是与这些直观之间产生对立、斗争，继而超越它们，或是取其为己所用。做哲学要么将其视为异己的事物而拒斥，要么将其纳入自身而加以肯定；最终，无法被理解的一些直观，只得被确认为异己的事物。

上述直观作为真理的语言一开始就是一个有容乃大的整体、一个不可分割的存在，塑造了人的生命，并充满于人的生命之中。在这个整体发展变化的过程中，宗教、艺术与文学概念相互分化。诚然，诸多分化导致了最终真理的语言的分割，但某个整体的存在贯穿于上述所有直观之中，正是通过这个整体的存在，诸多直观间本源的无差别性在它们的相互关系之中，一直发挥着作用。

**宗教**。那些显然作为宗教中的基础与界限的事物，其效用体现在为共同体提供力量，为个人提供支持；这仍然属于做哲学的业已确定的范围，并承载着做哲学的实质内容。在与做哲学的两极对立关系之中，这些事物以对立者的形态出现，但同时也成为一种富有成果的抵抗，成为做哲学一定要贯彻的事物。作为“人之存在”本身的基础，宗教陶冶了精神；尽管这种精神已经与宗教的特定历史形式相分离，并在表面上与宗教本身相分离。

如果抛弃并遗忘宗教，真正的做哲学也将停止。那么，将会产生无思想的、其自身毫无意识的绝望，今朝有酒今朝醉的生活，某种虚无主义，以及随之而来的混乱的迷信。长此以往，科学也将沉沦。人们将不再认真地提出和深思关于人的根本问题，亦即人是什么，人可以是什么，人将来会变成什么；实际上，这些问题会发生新的形态变化，某种答案会被发现，但这答案已不再会理解人的"现实存在"[2]。

造型艺术。造型艺术让可见性向我们言说。我们以艺术教导我们的方式去观察事物。我们通过建筑师赋予空间的形态来感知空间；我们观赏风景，就好像那风景是由宗教建筑浓缩而成，通过加工而成形，并通过人们的利用而获致其本质一般。当自然与人被带入雕塑、素描和色彩画作品中而获得其本质时，我们才感知到了它们。这样，所有事物才获得其本真的形态，才显示出被遮蔽的可见性与灵魂。

我们有必要对两种艺术作出区分：其一，作为特定审美典范的再现的艺术；其二，作为形而上学的暗号文字。二者合一的条件是：美是超越性的存在，这存在又是美的，而且所有的事物因为自身的存在本来就是美的。我们将形而上的艺术称为"伟大的艺术"，这种艺术以其自身的可见性揭示了存在本身。对于具有感性吸引力的事物而言，制作、装饰及描摹它的方法与超越者无关。如果所有这些方法是孤立的，而不具备上升到形而上学层面的契机，那么此方法基本上不过是艺术与非哲学性的技能罢了。

文学。作为表象的所有内容，都要通过语言来把握。在语言的元素中，文学就是被揭示出来的无所不包的倾述。从祭祀仪式中词语的魔术，到呼求上帝过程中的赞美诗与祷告，再到对人的命运的艺术再现,无不渗透贯彻着文学对“人之存在”的表达。文学是语言本身的起点,正是在文学中产生了最初的叙述、认识及实践。最初的哲学也是以文学的形式出现的。

文学是一种工具,通过这一工具我们以最自然和最不言而喻的方式把握宇宙,并把握我们自己本质的所有内涵。我们改变自身,通过语言融入文学之中。不知不觉间,文学激发出的想象力向我们揭示了一个表象的世界,而借助这个世界我们才能精炼地把握我们的现实。

# 一、悲剧知识[3]

通过宗教、艺术及文学三个本源直观的整体而传达出来的，是我们意识的总体内涵。在这一无限的领域之中，我们仅举出一个例证：悲剧与解脱。在悲剧变化多样的形式之中存在相同性。所有真正存在及发生的事物都被悲剧从无数角度审视；所有可能在人身上发生的事情都被悲剧在一个追求安宁的终极目标之中预示与引发出来。

哲学便隐藏于这些直观之中，因为这些直观澄清了灾祸与不幸的无意义性。但我们无法充分地以思维形态对这种哲学进行翻译，却能通过解释使其从哲学上更加清晰。在对本源直观的重述中，我们获致了这种哲学。这个世界是独一无二的，就像是与这种哲学相结合的工具。但这个世界作为某种特有的成就超越了哲学，并通过哲学而成为了某个其他的事物。

悲剧知识的主要现象都是以历史形态出现的。它们在风格样式、内容题材及偏好的创作素材上，皆有其时代特征。没有任何关于具体形式的知识是不受时间限制的，或是普遍的。我们必须在各个时期的真理中去重新把握它。相互间存在差异的悲剧知识的诸多现象，对我们而言都是历史事实。

这些历史形态间的区别和反差相互澄清，相互解释。它们为我们创造了我们自身的认知可能性的基础，以及一面镜子，通过这面镜子我们得以认识自身。

通过这些区别和反差，我们来研究与观察以下问题：悲剧意识的阶段、通过悲剧对存在的意义进行解释的诸多可能性，以及悲剧之中的解脱的基本内容。悲剧知识历史性的鲜明的形成过程为我们展开了一个蕴含诸多解释可能性的系统。

## （一）历史性概观

我们将举出一些悲剧知识的伟大实例，它们以直观和作品的形式被表达出来：

1. 荷马——北欧神话传说集《埃达》和冰岛人的《萨迦》——从西方到中国的诸民族的英雄传奇。

2. 古希腊悲剧：埃斯库罗斯、索福克勒斯、欧里庇得斯——仅这三者而言，作为文艺创作形式的悲剧出现了。古希腊悲剧不仅影响了后世的所有作品，还启迪并激发了后代悲剧（通过塞内卡）。

3. 近代悲剧，三个国家的三种形式：莎士比亚、卡尔德隆、拉辛。

4. 莱辛。德国的“陶冶的世界”[4]中流行的悲剧：席勒以及19

世纪的一些作品。[5]

5. 其他向存在发问的作品：《约伯记》、一些印度戏剧（从整体上很难称得上是悲剧）。

6. 克尔凯郭尔、陀思妥耶夫斯基、尼采作品中的悲剧知识。

英雄传奇将悲剧世界观表现为某种理所当然的事。其中不仅没有思想的斗争，也没有对获得解救、得到自由的渴望。赤裸裸的厄运、死亡与毁灭、忍耐和荣誉皆是其主题。

伟大的悲剧起于时代的变迁之中（在古希腊与近代），每次都似乎经过了一个转化的过程，而终于审美教育现象。

古希腊悲剧是祭祀行为的一部分，其中贯穿着为了神，为了事物的意义的追寻，为了正义而展开的斗争。首先，这种悲剧最初（埃斯库罗斯及索福克勒斯）固定不变的是对秩序和神性的信仰，对基本的和通行有效的社会制度的信仰，以及对城邦的信仰；最终转变为对所有这些历史性产物的怀疑，但对正义这个观念本身，以及善与恶的信仰却从未动摇（欧里庇得斯）。

相反，莎士比亚则出现在世俗的舞台之上；一个意气风发的社会，在诸多经过艺术夸张的人物之中认识自我。在人的发展的可能性与危险性之中，在人的伟大与渺小之中，在人的良善本性与邪恶本性之中，在人的高贵与卑贱之中，在人对幸福生活的欢呼和对无法理解的错误与毁灭之形成的战栗之中，在爱、奉献、坦诚和仇恨中，在困境与盲目中，“人之存在”得到自我理解；总之，“人之存在”在一个解不开的问题中，在自我实现的最终失败中，在有约束力的秩序及永恒的显明的善与恶的对立的背景之中，得到自我理解。

卡尔德隆与拉辛是基督教悲剧的顶峰。在他们的作品中，悲剧具备了自身的新的张力。代替命运与恶魔的是天意与恩典，或是永罚。作品中没有了对临界的追问与沉默，一切皆由彼岸以及将万有纳入其博爱之中的神所提供的某个理由来维持。作品中也没有了为真理而进行的（诗人在其作品中依次展现的）不懈斗争，没有了暗号的游戏，有的只是从对原罪中堕落的世界和神祇的现实性的认识中，获得的真理的圆满实现。但是，正因为这些张力的存在，悲剧在基督教的真理面前事实上消亡了。从形而上的角度看，这些悲剧与基督教信仰有着深刻的联系，同时又扩展了基督教信仰；但与莎士比亚相比，这些悲剧在创作对象与问题意识上，在人物形象塑造的透彻性与丰富性上，在视角的宽度与公正性上又是狭隘的。

整部作品贯穿着绝望的绝对悲剧，我们有可能在欧里庇得斯的一些作品以及19世纪的近代戏剧作品中找到。自此，在审美的无拘束性出现的同时，悲剧也变得深不可测。

## （二）悲剧知识中的存在意识及无悲剧性的安全感

缺失悲剧知识及其现象（如悲剧、史诗、长篇小说）的文化，与决定着生活态度的存在意识所具备的悲剧的开放性之间，有着最远的距离。

不经意间，当我们看到悲剧知识中的人的时候，它对我们历史性回忆的作用，就像世代间的裂缝。悲剧知识不一定是高级文化的产物，反而可以是原始的：人在这种知识中进行活动，就像他被唤醒一般。现在，人正面临着一种处于不安中的临界境况，而他正被这种不安驱动着。因为他不满足于任何的稳定，所以没有任何稳定的状态可以持久。随着悲剧知识的产生，开始了某种历史运动，这种历史运动不仅发生在诸多外部事件之中，而且发生在“人之存在”的深处。

悲剧以前的知识本身是圆满的与完美的。它关注人的苦难、不幸与死亡。某种深层的悲伤如同发自内心深处的欢呼一般，皆为这种知识所特有。在这种知识中，悲伤被理解为永无休止的循环，从生到死、死而复生的循环，和永无休止的变化。逝去与复生的神灵，与作为这种死亡与复活现象的诸季节的庆典皆是基本现实。大地女神的神话直观在地球上几乎是普遍存在的，亦即，可以同时赋予生命与剥夺生命的女神孕育、照管、呵护、催熟万物，然而万物瞬间又重新回到了母体之中，被残忍地消灭，在巨大的灾难中灭亡。与其说这是悲剧知识，毋宁说是某种对于世事无常的安慰性知识，一种可以得到自我安慰的知识。它从本质上说是一种非历史性知识。在这种知识看来，无论何时我们所面对的现实都是相同的。什么都微不足道，一切都同等重要，并且每个当下存在的事物都完全地、毫无保留地存在着，正如它原本的存在状态那样。

悲剧知识具备历史性。循环不过是背景而已。真实的存在是独一无二的，并且是以不断向前运动的方式存在着。它已成定局，且从不重现。

但是，悲剧以前的知识并不会被悲剧知识所取代。悲剧以前的知识可能会作为某种与悲剧的根本直观相对的独立的真理，来维持自己的地位。尽管存在关于所有厄运的知识，但只要我们可以获致关于世界的和谐的解释,及其相应的完满的生活现实,那么悲剧的根本直观依然不会出现。这很大程度上发生在古老的中国,确切地讲是佛教产生前的中国。在那里,所有的悲惨境遇、不幸以及邪恶都仅是一时的短暂的侵扰,而不会一直存在。那里没有对世界的恐惧,没有对世界的摒弃,没有对世界的辩护,也没有对存在与神灵的谴责,有的只是悲叹。那里没有绝望中的矛盾,却有静静的忍耐与死亡。那里没有解不开的纠葛,没有令人不齿的黑白颠倒;所有的一切本来都是美好与真实的。在上述过程中,可能会经历恐怖的与令人惊愕的事物,然而这些事物对于被悲剧意识照亮的文化而言同样是广为人知的。那里,生活氛围轻松愉快,没有斗争也就没有反抗。依据某种深远的历史意识,人与万物的太古的根基建立了联系。他寻求的不是历史性运动,而是对一种既是有序的又是善的永恒现实的持续不断的重建。哪里出现悲剧意识,哪里就有某种非同寻常的事物的消失;没有悲剧性的安全感,自然的、崇高的人性,在这世界上的家园存在感,以及具体直观的丰富性,这些都曾实际存在于中国。在日常的、普通的面孔之中,与闷闷不乐、拘谨羞怯的西方同时存在的,是开朗活泼、无拘无束的中国。

## (三)史诗与悲剧中的悲剧知识

在神话意识之中,世界的根本的不协调性可以在众神的多样性中被观察到:让所有的神同等满意是绝无可能的,效劳于此神便与效劳于彼神相左;明争暗斗的众神,在人的命运中和解;神自身亦非万能，人受制于神秘的命运女神摩伊拉[6]，诸神亦是如此。随之，问题来了：为什么，根源在哪里？状况不同，答案众多，但没有令人满意的答案。人感叹于大千世界的丰富性、人的潜能的多样性，人尝尽酸甜苦辣、人生百味。人以无限制的活力亦不可获致整体的统一性，因之，他不再以对知识的绝对欲求关注基本问题了。

在荷马史诗中，这种形态的悲剧知识发生在直观的喜悦之中，发生在对诸神的崇拜之中，发生在坚定的忍耐和抵抗之中。

面对命运，这同样的忍耐力和同样的冷静反抗在《埃达》与《萨迦》中也有，虽难比荷马，但依然热情昂扬、激烈不群。

但这种悲剧知识又是残缺不全的：它并不区分失败的方式，对悲剧性毁灭的极端的神秘莫测性也无从辨别。人不渴望得到灵魂的解放，因为他对处于纯粹的忍耐力之中的灵魂已经满足了。这如同追问过程中戛然而止一般，即把世界与死亡理解为毋庸置疑、理所当然的；这种做法与悲剧以前的做法的区别仅在于，没有将世界的根本的不协调性遮蔽在任何的和谐性之中。

在古希腊悲剧中，这样一个神话世界依然作为素材而存在。不同之处在于，充满于悲剧知识中的不再是沉静，而是不断提出的问题。诸多问题及答案是在对神话的改造中完成的。至此，神话达到了其完全的成熟与深度，但在形式上却持久地保持不变。后续的有思想的诗人对它们进行了进一步的改编，直到它们经过切磋琢磨而处于一种崇高的燃烧过程，化为为真理而进行的充满激情的斗争；或者直到它们经过切磋琢磨而表现为诗人与神的对话。在那依然迷人，却有些冷淡的充满诗意的画卷中，神话只留下了一些灰烬。

古希腊悲剧中所提出的问题已经是哲学问题，然而却是完全以直观的形态提出的；因之，仍然不是方法论的理性意义上的哲学问题。指向神灵的问题有：为何如此？何谓人？人由什么引领或操纵？何谓罪？何谓命运？何谓人类世界的秩序，这秩序又从何而来？何谓神灵？

这些问题要寻找一条道路，一条通向诸多正义、良善的神灵的道路，一条通向单一神灵的道路。但在这条路上，所有历史流传物慢慢地衰弱而趋于消亡。历史流传物无法符合被理性化的关于正义、慈爱及全能的思想标准。在探求的道路上，历史流传物的内容以最美的纯真性得以展现，但这情绪高昂的探求的终点却是怀疑主义。

诗人的直观中的对历史流传物的完全的确证，是在狄俄倪索斯的神圣庆典中完成的。在这庆典中意欲并达致的喜悦，绝非早先对世界、人类及诸神的永恒再现中获得的喜悦可比。关于这种喜悦，赫西俄德(《神谱》98—113)赞颂缪斯道：

> 若有人添新愁，有烦恼，心中烦扰
> 耳听缪斯之仆，歌诗之人，
> 咏唱先人，赞颂奥利匹斯山的神祇
> 霎时间烦恼忧愁尽行消散，
> 无缪斯女神的赐予哪得如此。

与之相比，悲剧追求得更多——灵魂的净化。何谓净化，通过亚里士多德的著作无法明确。[7]但至少可以肯定，净化是关系到人的自我存在的事件。净化是一种对存在的敞开，一种源于亲身体验的敞开，但这种亲身体验不限于旁观，而是涉事其中；净化还是一种对真理的占有，这种对真理的占有是通过清除我们的模糊不明、浑浊不清、肤浅不经而达致的，以避免它们限制与遮蔽我们的“现实存在”的经验。

## （四）哲学性世界解释和启示宗教中的悲剧性超越

悲剧知识以两种形式出现：一是史诗中，借助于迷人的、既已存在的直观世界而形成的神话性的不容置疑的知识；二是悲剧中，通过对神性的攻击而形成的神话性的可质疑的知识。从这两种形式中生发出两种悲剧性超越：其一，启蒙主义哲学的世界解释；其二，宗教启示。两者皆是不充分的超越。

并非前苏格拉底的哲学家和柏拉图的思辨性的对存在的证实（对于悲剧反面的也罢，正面的也罢），而是后亚里士多德时代的从启蒙时代发展而来的理智性的普遍哲学，通过瓦解所有虚假的历史流传下来的神的表象的方式，才从悲剧创作过程内获致的无知之中得出结论。普遍哲学设计构想了一种全体的万有的和谐，从这种和谐中它将所有的矛盾理解为相对的不和谐。它将个人命运的重要性相对化，并且在个人的自我存在中看到了某种不可动摇的东西，这种不可动摇的东西将世界的命运仅仅作为一个角色去把握和再现，却并没有与该命运同一化。现今，悲剧知识已经失去其重要性，它最终的根本态度既非那自我维护的英雄的反抗，又非那受到这个世界束缚的灵魂的净化，而是冷漠，即无动于衷所具有的麻木的无关痛痒的状态。

对于悲剧知识而言，哲学的冷漠是不充分的解放。首先，它是单纯的忍耐，虽然能够在神话时代英雄的反抗中认出自己，但又不具备他们的热情。它在内容上是贫乏的，整体上缩小为空洞的自我维护的一个单纯的点。其次，它对于人们来说很难实际践行。虽然卓尔不群，但它依然停留在理论层面，是一个几乎被绝大多数人拒绝的理论。因此，在悲剧知识与哲学的空虚之外，人渴望更深层的解放。启示宗教对此做出了允诺。

人希望获得解脱，并且他也如愿地获得了解脱，但人仅靠自己是无法实现解脱的。这样一个重担——一个无法完成的任务从他身上被卸了下来。基督的牺牲、佛陀的教诲不仅向他伸出了援手，而且为他实现了解放，而人只是参与其中罢了。

在犹太-基督教这样的启示宗教中，包括“现实存在”与人之间的矛盾，以及表现为悲剧的一切，都深深地扎根于人的起源之中：原罪就根植于亚当的罪过之中。解脱源于基督的十字架受难。诸多存在于世界上的事物沉沦堕落。人在背负起具体的罪过之前，就已经处于难以战胜的罪过之中了。人被卷入这样一个过程之中，一个根植于一切事物之中的过错与解脱的过程；对于过错与解脱二者，人都是通过自身介入其中的，然而又并非仅仅通过自身介入其中。人因原罪而是有罪的，因恩典而得到解脱。当人不仅允许，甚至选择现实存在的苦难、矛盾及内心的分裂加于自身之时，他便背负起了十字架。这已不再是悲剧，而是在恐惧之中放射出的恩典的极乐光芒。

如此看来，基督教的解脱与悲剧知识是相互对立的。解脱的可能破坏了悲剧的绝望。之所以不存在真正的基督教悲剧，是因为在基督教戏剧中，解脱的奥秘是戏剧性事件的基础与空间；悲剧知识自始便从通过恩典而获得的实现与拯救的经验中被清除了。

随之，悲剧本身成为一个不受约束的事物，人会因其而兴奋激动，却不会从中受到触动。对于基督徒来说，本质性的事物是不能出现在悲剧之中的。真正的基督徒最初是逃避艺术创作的，因为信仰只能从实存的意义上被实现，而不能从美学的角度被审视。在这种意义上，一个基督徒一定会误解诸如莎士比亚这样的作者：一切都是莎士比亚艺术再现的对象；对于什么是人这个问题，他向我们展示了所有的可能性。但宗教，也唯独宗教，莎士比亚对之避而不答。基督徒知道，无论对于莎士比亚的作品有多么深刻的体会，这些作品依然没有告诉他在信仰中获得了什么，甚或根本没有触及这一问题。对于他来说，莎士比亚似乎只是间接地，通过其作品开放的断面、悬而未决的特性以及作品中流露出的渴望，未曾明言地且无心地，将其引入解脱的可能性。

基督徒忽略了悲剧知识的实质。但是，如果悲剧知识保持其哲学性并纯粹以哲学的方式得以展示或阐明的话，那么，一方面，它自身就是一种实现超越的方式；另一方面，对基督徒而言，它又是一种特有的解放。从基督徒的角度观之，这种解放被误解；而在哲学的冷漠之中，这种解放又失去了它的内涵。

人的所有基本经验，在基督教意义上都不是悲剧性的。罪将成为喜乐的罪，从而使解脱成为可能。犹大的背叛使基督的受难成为可能，同时也是所有信众喜乐的基础。如果基督是世界上失败的最深刻的象征，那么基督绝非悲剧性的基督，而是在失败中去认识、去实现、去完成的基督。

### （五）悲剧的基本特征

在直观面前，悲剧表现为某个能引发对“现实存在”的恐惧的事件，而这“现实存在”又是“人的现实存在”，并且这事件是处于因“人之存在”的统摄而产生的纠葛中的事件。对悲剧的直观引发了从悲剧中的解放，同时这也是一种净化与解脱的方式。

存在在失败之中展现。在失败中，存在并没有消失，反而完全地并明显地被感知。不存在没有超越的悲剧。在灭亡之际，反抗神灵和命运的单纯的自我主张就是一种超越，亦即对人的本真的存在的超越；同时，也只有在灭亡之际，人才能发现并了解这种存在。

能成为存在意识的基础的悲剧意识称为悲剧态度。但有必要区分短暂性意识与真正的悲剧意识：

生命作为时间上的无常的事件，其特征便是某种终将走向灭亡的真实事件，而人将其视为一个从生成到逝去，再到重新生成的循环。他把自然中的自我看作与自然合一的自我。这对人来说是一个谜，一个令其颤抖战栗的谜。何为灵魂，那知道自己将永远地穿梭在时间里的，却处于“现实存在”的有限性之中并且彻底地走向灭亡的灵魂？我们不称这事实及这谜团具有悲剧的性质。

本真的悲剧意识使悲剧成为了现实的悲剧。这种意识所把握的绝不仅仅是痛苦与死亡，以及单纯的有限性与无常。所有这些要具备悲剧性，必须有人的行为。人通过自己的行为首先引发纠纷，而后，因为无法避免的必然性，最终走向灭亡。这不是单纯的作为“现实存在”的生命的毁灭，而毋宁是每一个完美的现象的失败。世界上存在着无数的可能性，它们独特的实现为悲剧中的失败埋下了伏笔，人面对这无数的可能性，最终却一无所获、一事无成，这就是人的精神本质。

对解脱的冲动和渴望自始便与悲剧知识相关联。悲剧的严酷在于极限，在此极限之内，人并非当然地被带入一般的解脱状态之中，而是当作为“现实存在”的他消失之时，在其自我存在的行为中寻求解脱性的解放。解脱可以源于坚定忍耐的力量，这力量的存在或是因为懵懂无知，或是因为纯粹的忍耐力，或是因为知其不可为而为之的固执；这是处于萌芽状态和最不成形的解脱。解脱也可以通过进入对悲剧的直观的过程而发生，悲剧通过澄清发挥着自我净化的作用。解脱还可以发生在对悲剧事件的直观之前，不过条件有二：其一，生命一开始就是通过对解脱之路的信念而产生的；其二，悲剧自始便作为对这种直观的克服，而发生在超感觉的超越和所有统摄者的统摄者之中。

## （六）悲剧知识的解释方向

以文艺作品的形式展现在我们面前的悲剧的意义，无法归结为某个简单明了的表达形式。这些作品是与悲剧知识相关的劳作。诸多境遇、事件、社会力量、信仰上的观念、人物都是艺术手段，通过这些手段，悲剧才被展现出来。

在诸多伟大的文艺作品中，没有任何一部作品可以得到彻底的解释，这是可以理解的。在这些作品中只有诸多脉络才具备解释的可能性。凡是完全通过思想就能解释的作品就是没必要的作品，甚或根本就不是真正的艺术创作。如果解释可以突显作品清晰的脉络，那么这种解释就增强了我们对隐晦内容的深度的把握，并且这种深度不会被任何透彻的直观所穷尽。

在诸多文艺作品中，诗人的构思发挥着作用。然而，如果该构思没有在人物身上具体化，则显露得越明显，该作品的艺术表现力就越枯燥无味。于是，作品的产生并非决定于悲剧性艺术想象力，而是决定于哲学倾向。但文艺作品的主题思想倒是可以哲理性为本质的。

在我们对悲剧知识做出了整体性回顾之后，现在应当将我们的解释细化为对以下三方面问题的回答：

1. 悲剧的客观性如何？悲剧性存在和悲剧事件具有何种形态？它是如何被构想出来的？通过对文艺作品中的诸多悲剧性对象的诠释，我们可以找到答案。

2. 悲剧的主体性是如何产生的？悲剧是如何被意识到的？悲剧知识是如何产生的？在悲剧知识中，解放与解脱是如何产生的？

3. 悲剧的原则性解释的意义是什么？

## 二、文艺作品中的悲剧性对象

我们不在某个定义中去把握悲剧，而是要将那些直接展现出来的悲剧性现象当下化，亦即，这些现象在作品中所具备的表现与形态。

我们的解释要紧紧抓住以下问题：在诗人的艺术想象中曾出现了什么，在作品中所表露并说明的内容是什么。另外，在无需诗人明确思考的前提下，解释还告诉我们，什么是作为意义存在于或可能存在于作品之中的。

在作品中，悲剧意识找到了其思想的具体体现：悲剧氛围使人们能够在当下的事件中或在世界存在之中，切实地感受到紧张不安、厄运。悲剧出现在斗争之中，出现在胜利与失败之中，出现在罪之中。它是处于遭受挫败之人的伟大所在。它在求真的绝对意志中表明自己就是存在者的最深的矛盾。

## （一）悲剧氛围

悲剧氛围并不存在于无常之中，例如，在生与死之中、在盛衰枯荣的循环之中。观众的目光静静地停留在他本人已被纳入，并被掩藏其中的事件之上。悲剧氛围就在恐怖、阴森中蔓延滋长，而我们则被弃置于其中。它是一种异质的事物，其加之于我们的威胁是无法避免的。无论我们身在何处，无论我们的眼睛看到什么、耳朵听到什么，它就存在于空气之中；无论我们做什么，无论我们想什么，都会被它摧毁。

这种氛围作为对世界的想象存在于印度戏剧之中，而这世界正是我们的“现实存在”之所在，尽管我们毫无防备地坠入这世界之中。请看《考斯卡斯的愤怒》(*Kausikas Zorn*)中的一段(雷克拉姆出版社，第64页)[8]：

> 整个世界看起来
> 如同为湿婆而献身者的葬礼之地。
> 红色薄暮的天空显现出的红色正是
> 被处死者鲜血的红色，
> 暗淡的圆盘似的日轮发出
> 火葬柴堆中木炭一般微弱的光亮；
> 星辰散落于人骨之上；
> 皎洁的明月恰似光滑洁白的头骨……

恐怖的氛围还弥漫在勃鲁盖尔、海若倪慕斯·博斯的一些画作之中[9]，但丁的《地狱》也是如此。这种氛围只是表面现象而已。更深刻的东西有待于我们去探求，但只有缓慢地迈过这恐怖才能发现。

在古希腊悲剧中，悲剧氛围并非普遍的世界氛围，而是涉及当下发生的事件，并与诸多人物形象相关联；例如，紧张不安，这是一种在任何特定行为之前，在每件特殊事件发生之前，弥漫于所有事物中的紧张不安，并且它还暗示着我们还无从知晓的厄运。在这方面，埃斯库罗斯的《阿伽门农》可谓独步天下。

悲剧氛围会表现为所谓悲观主义及其对世界的描述的多种形式，比如佛教或基督教，再如叔本华或尼采，又如《埃达》或《尼伯龙根》。

### （二）斗争与冲突

真理与现实是分裂的。正因为这种分裂，在团体中转而出现了互补；在冲突中转而出现了斗争。悲剧知识认识到斗争是不可避免的。作者悲剧意识中的问题是：在哪些人之间发生了斗争，到底有什么冲突。

文艺作品中展现的斗争，或是人与人之间的斗争，或是人与自我的斗争。互斥的生存利益、义务、性格特征与动力就存在于斗争之中。某种心理学与社会学分析似乎将这些斗争作为诸多现实去理解。但所有这些现实对于将悲剧知识直观化的诗人来说都不过是素材而已。在这素材中会显示实际上进行了什么斗争。斗争可以从诸多视角来理解，行动者、诗人以及借助诗人的观众都有他们自己的理解。这些对斗争的诠释本身就是现实。因为最强大的动力就来自于这种意义。悲剧事件就是这种意义的体现。

在文艺作品中作出的解释，一些是内在的，亦即在经验与知识范围之内的；另一些则是超验的。例如：(1) 当悲剧作为个别与普遍的斗争；(2) 或作为在时间序列中相继出现的诸多历史性的生存原则间的斗争，而被再现之时，它是内在的；(3) 又例如，当悲剧作为人神间的斗争；(4) 或神与神之间的斗争，而被再现之时，它则是超验的。

1. 个别与普遍的斗争：

个别站在普遍的法律、规范或必然性的对立面；对法律的单纯的肆意妄为，不具悲剧性；个别作为与规范对立的真正的例外者才具有悲剧性。

在有的悲剧中，全体被浓缩在社会势力、身份、等级与官职之中，这样的悲剧被称为社会悲剧。在另一些悲剧中，全体被浓缩在作为对永恒法则的欲求的人类性格的核心之中，而这种欲求又与存在于人自身之内的诸多能力及本质特征相互冲突，这样的悲剧被称为性格悲剧。

从文艺创作的角度观之，这种解释多数情况下是不成立的。只有现实的生存能力和抽象的规范力才会提出一个以理性方式展开的问题，但生存能力与抽象的规范力却并不表现为存在的深层次的迷人幻想之中的直观形态。生存能力与抽象的规范力的明晰性穷尽了这个问题，抓住了核心。然而，当无穷无尽的难以置信的事件结束之后，最终呈现出来的却不是悲剧，而只是悲惨境遇。只有自启蒙时代以来的诸多近代悲剧是这种类型。

2. 历史性的生存原则间的对立：

某种历史哲学的总体观点将人的状态的变化放在一个历史性的生存原则的有意义的序列之中来审视，而每一种生存原则对于整体状态、行为方式及思维方式皆有决定性意义。生存原则之间不会突然互相排斥。新的生存原则逐渐发展，旧的依然存在。新的生存原则强有力的突破起初会因为旧的生存原则的持续性及依然有效的凝聚力而受挫。两种势力强弱对比的转变之处就是悲剧发生之处。依据黑格尔的观点，历史上的大英雄正是这样的悲剧人物，在这些人物身上纯粹地、无条件地体现着新的理念。他们在耀眼的光辉中升起。起初，他们真正引发了什么并不引人注意，直到那旧势力模模糊糊地感觉到危险的存在；如今，旧势力集合其所有的力量，意欲将以其最有力的代表者的形象出现的新势力消灭。无论苏格拉底还是凯撒，既是新原则最初的胜利形象，又是时代变迁过程中的牺牲品。旧势力也有其正当性，因为它依然存在，依然活着，并在使历史上流传下来的丰富和既成的生活方式得以实行的过程中证明了自己的实力；尽管毁灭的萌芽已经拉开了它死亡的序幕。新势力也有其正当性，但它并没有受到处于某种社会形态和文化水平下的既成体制的保护；而是暂时地，如同处在一无所有的空间之中一般。在竭尽全力的最后挣扎中，旧势力能够摧毁的只有那位英雄——那新势力的第一个出场的伟大人物。第二次突破，虽然成功了，却不具悲剧性。柏拉图和奥古斯都都取得了光辉的胜利，并成功地自我实现。他们通过作品影响他人，他们塑造未来。他们活着，却依然注视着那第一位英雄，那位牺牲者。

这里我们需要面对一种历史哲学的解释，它一方面借助持续的内在思辨，但另一方面，它又在与妖魔化的相似性中使事实上不可知的整体实体化。

3. 人神之争：

斗争还发生在个人与“神力”之间，人与魔鬼之间，以及人与神之间。这些神力是难以把握的。当人试图抓住，甚或理解它们之时，这些神力便逃得无影无踪。它们存在于那里，同时又不存在于那里。同一个神，既是乐于助人的又是恶毒的。

人很迷茫。不明不白与不知不觉之间，他落入了本想摆脱的神力之中。

人激怒了神，就像那纯真的、崇拜阿耳忒弥斯的青年希波吕托斯激怒阿佛洛狄忒一般。在与这位极强大的女神的斗争中，他最终被战胜。

4. 神与神之间的斗争：

这种斗争是神力之间，及神与神之间的冲突；人不过或是这些斗争中任神摆布的玩物，或是斗争发生之处，或是其媒介罢了；然而，人的伟大正在于成为了这种媒介；他受到鼓舞，被赋予生机，并与神力同一。

在索福克勒斯的《安提戈涅》中，出于阴曹地府与政治世界的隐秘神灵就是在地下世界中彼此争斗的神力。在埃斯库罗斯的《欧墨尼得斯》中，在前台被显明地表现出来的是，神与神之间的争斗对于人的行为具有决定作用。在《普罗米修斯》中，这些斗争又被再现，然而却没有人的出现。

从悲剧直观出发，斗争无时无刻不是显而易见的。然而，作为斗争的斗争具备悲剧性吗？抑或，如果答案是否定的，那么一场斗争何以具备悲剧性呢？我们有必要对悲剧直观进行更深刻的思考。

### （三）胜利与屈服

什么或谁在悲剧中获得了胜利？人与神力之间发生了冲突。在最终的判决中，胜利者似乎总能占据优势，而失败者则是错误的。但绝非如此。容我对悲剧的以下方面详述之：

a）胜利不在确保生存下来的人的一边，而在屈服者的一边。他在挫败中取得了胜利。那胜利者，却因为短暂的、本身只是表面的胜利而成为低劣者。

b）普遍性事物取得胜利，例如世界秩序、伦理秩序、普遍的生命及不受时间制约的事物；但对这些普遍性事物的承认之中，同时又包含着对它的摒弃：这源于普遍性的性格，因为与之相抵触的人之伟大的挫败是不可避免的。

c）归根结底没有胜利者。包括英雄和普遍性事物在内的所有的一切都是成问题的。在超越者面前，包括个别与普遍、例外者与秩序在内的一切都是有限与相对的，因此值得被摧毁。非凡的人与崇高的秩序，二者皆有其界限，挫败的原因正是这一界限。在悲剧中，超越者胜利或没有胜利，皆因它仅仅通过悲剧的整体来言说；但它既不主宰也不屈服，因为它就是简简单单地存在着。

d）在胜利与挫败之中，在二者此消彼长的过程中，建立了一个新的，而又是历史性的秩序，这个秩序如今首先对于悲剧知识是有效的。悲剧诗人的高下决定于诗人从胜利与挫败及其此消彼长的过程中衍生出来的内容。

### （四）罪

悲剧可以被理解为罪的结果以及罪本身。灭亡就是对罪的忏悔。

这世界的确充满了无罪的灭亡。那隐秘的邪恶势力隐而不显地进行着毁灭，恶行持续着，且肆无忌惮，但无人知晓；世界上没有任何一个法庭获悉此事（如同在城堡的地下土牢之中，一个人被折磨致死一般）。如果无人为他们作证，甚或永远无人知晓他们的事，他们便像殉难者一般死去，却并没有成为殉难者。没有抵抗能力的人受到折磨并最终毁灭，这样的事在地球上每天都在发生。一个极端的例子就是，伊万·卡拉马佐夫对战争中土耳其人杀死婴儿取乐感到极度的愤慨。这事实令人心碎至极、恐怖至极，但因为这厄运一来不是赎罪，二来与生命的意义无关，所以绝非悲剧。

但对罪的追问的对象不仅局限于单个人的行为与生命，而且关涉到作为整体的“人之存在”，而我们每个人都属于这个整体。无辜之人的毁灭，其罪在何处？置无辜之人于悲惨境遇的力量又在哪里？

一旦人们明了了这一问题，便会产生共犯的思想。所有人都该负连带责任。这是他们起源的同根性及目标的共同性所致。对以下思想的惊愕可以看作是上述事实的一个证据，当然，它不是理由；在人们有限的理智看来，这种思想是荒谬的，亦即：如果我没有倾尽所能，甚至以生命为代价，去阻止恶的发生，那么我对发生在这世界上的恶就是有罪的；罪恶在发生着，而我却可以活着并且继续活下去，我就是有罪的。因此，共犯的事实要求每个人对所发生的一切负责。

罪，在广义上几乎可以称为“现实存在”之罪，而在狭义上则是特定行为之罪。自身的罪不限于单独的、具体的不当行为，而是要在“现实存在”的存在基础上更深刻地去认识，如此，罪的思想才能更全面。罪在悲剧知识中出现的方式如下：

第一：“现实存在”就是罪。广义上的罪就是“现实存在”。已经被阿那克西曼德思考过的问题[10]，又被卡尔德隆重提，尽管是在完全不同的意义上：人的诞生便是其最大的罪。

这还表明，我通过自己的“现实存在”招致了厄运。如此，一幅印度思想的图景展现在眼前：我每一次迈步，每一次呼吸，都会毁灭微小的生物。无论我作出或不作出行为，通过我的“现实存在”，我对其他人的“现实存在”加以限制。在被动忍受的过程中以及在积极有为的过程中，我陷入了“现实存在”之罪。

a）某个特定的“现实存在”因其起源而有罪。诚然，我根本不想从“现实存在”，尤其是我的“现实存在”本身得到什么；但没有意图的我依然是有罪的，因为我就是我，我就是具有这样的起源。这就是缺陷性的罪，这种缺陷是由我祖先有罪的起源造成的。

安提戈涅的出生与律法相违（俄狄浦斯弑父娶母所生的女儿）——起源的诅咒一直在对她起着作用——但她被排除在应有血统的规范之外的存在状态，同时又是她独特的深度与人性的基础：她对神的律法有着最可靠和最坚定的认识；她死了，因为她卓尔不群，因为她作为“例外”[11]就在于真实。并且，她乐于去死，对她来说这是死亡中的解脱；就其行为的整个路径而言，她绝不自我分裂。

b）每种特定的性格就是本质存在的罪。只要我与我的性格相分离，如同我面对它一般，那么性格本身就是某种命运。

我的存在无论表现为卑劣的本性，抑或表现为邪恶意志的根源，再或表现为因我的冥顽不化的根源，这一切皆非我愿，并且这一切也不是我一手造成的。但对此我依然负有罪责。有我这般罪，遂有我这般命运，无论我如今是否已不情愿地死去并且没有得到解脱，也无论我是否在悔改的路上，在从某个更深层的根源超越我的本性的过程中失败，借助这个根源，我摒弃了过去的自我，尽管我没有成为我想成为的样子。

第二：行为就是罪。狭义的罪蕴含于我所进行的某个特定行为之中，确切地说，这行为是自由的，可以不被作出，也可以其他方式被作出。

a）有罪的行为是对律法的肆意违反；是违背普遍性事物的有意识的固执，没有别的原因，就是因为固执；还是有罪的无知、半自觉的对动机的转化和掩盖的结果。这里，它不过是卑鄙与邪恶的悲惨境遇罢了。

b）同样是行为之罪，如果它被悲剧知识所清晰地把握，那么情况就完全不同了。从自由的根源中出现了在伦理上必然的与真实的行为，随即挫败便产生了。无论如何正确与真实地行事，人皆无法脱罪：罪本身具有清白的特征。人惹罪上身，并不回避罪，他站在罪的一边，并非出于固执的反抗，而是因为真理，那在牺牲中注定要失败的真理。

## （五）遭受挫败之人的伟大

如果看不到人的伟大，那么悲剧知识则无从深入。

人不是神，正因为如此，人才是渺小的并终有一死；然而人的伟大之处在于可以将人的可能性推向极限，并在临近极限时，在自己知情的前提下走向死亡。

因此，以下问题在悲剧知识中是实质性的，亦即人的受苦与受挫的根源何在；面对现实，他接受并承担了什么；他以何种形式放弃了他的"现实存在"。

悲剧英雄——这个超乎常人的人——自身同时处在善与恶之中，在善中充实，又在恶中毁灭，作为"现实存在"的这两个行为都是通过与绝对无条件的事物的一致性而挫败，无论这种绝对无条件的事物是真实的抑或臆想的。

悲剧英雄的顽抗、执拗以及狂傲使他堕入邪恶的"伟大"之中。而他的忍耐、他的不屈、他的爱又使之升华向善。他永远是通过极限境况的体验而得到提升。诗人视其为超越个人的"现实存在"的载体，力量、原则、性格及恶魔的载体。

悲剧将人的超越善与恶的伟大之处表现了出来。关于这一点，悲剧诗人与柏拉图所见略同："你的意思是，大错与大恶皆产生于丑恶的本性，而非源自朝气蓬勃的本性，……而软弱无力的本性成不了大事么，无论这事是善是恶么？"[12]……从最有天赋的本性中，"不仅会产生给城邦及个人带来巨大灾祸的人，而且也会产生带来巨大益处的人……渺小的本性不会做出对个人或城邦有影响的大事”。[13]

## （六）真理问题

哪里诸多力量相互冲突，而每一个力量又都是真实的，哪里就有悲剧。真理存在[14]的分裂状态或真理的不统一性是悲剧知识的基本结论。

因此，悲剧中的问题是鲜活的：什么是真实的？紧接着的问题是：谁是谁非？在这世上，正义成功了么？真实取得胜利了么？悲剧的整个过程就是，揭示所有处于活动状态的事物之中的真理的同时，对这些真实的事物进行限制，而后揭示所有事物中的不公。

在一些悲剧（如《俄狄浦斯》和《哈姆雷特》）中，主人公本人就对真相进行了追问。真理存在的可能性成为了主题，同时还包括对认知的可能性、认知的意义及认知的结果的追问。在对上述两部永远也探讨不完的悲剧的解释过程中，我们会强调这个基本特征：

**俄狄浦斯**

俄狄浦斯是一个人，一个渴求真相的人。他智慧超群，猜破谜语，战胜了斯芬克斯，遂成为忒拜的统治者。他是一个不能容忍欺骗的人，他将自己懵懂无知中的可怕行径公之于众，并因而导致了自己的毁灭。因为渴望真相，所以，他意识到探寻会带来幸运或厄运，而幸运与厄运二者又同时被他掌握。

俄狄浦斯是无辜的。他竭尽全力避免做出神谕所预言的恶行（弑父娶母）。他背井离乡，远离双亲，却在外邦浑然不知地杀死生父，娶了生母。“可怜的、饱受苦难的我做的一切皆非我愿。”[15]“所做的一切皆非有意，依照律法本应无罪。”[16]

该悲剧再现了作为忒拜统治者的俄狄浦斯，为了挽救瘟疫肆虐的国土，起初，懵懂不知，上下求索；而后，有所预感，畏缩不前；最终，无情现实，摆在面前。

俄狄浦斯听到神谕：杀害其父的凶手仍然在国内，不驱逐凶手，瘟疫难消。但谁是凶手？先知泰伊蕾西阿斯虽被质问却避而不答：

> 悲哉！拥有智慧是多么可怕，它没有为智者带来任何好处！……[17]
>
> 你们都是愚笨之人，我是什么都不会说的，
>
> 所以我更没有必要揭示你的毁灭……[18]

俄狄浦斯逼问他，羞辱他，强迫他说了出来：俄狄浦斯自己就是亵渎这片土地的作恶之人。对于这难以置信的结果，俄狄浦斯大惊失色，嘲讽这不可靠的、诡计多端的先知给出的法术；转而依靠自己基于理性得来的知识，因为借助这些知识，他，而非先知，曾战胜斯芬克斯，而这“靠的是聪明才智，而非通过飞鸟的指引”。[19]

但先知怒不可遏，在发问之中点破了令人发指的真相：

> 你斥责我双眼失明，告诉你：
>
> 你的眼睛没有失明，你这看得见的人却看不到你陷得有

多深……

你的家世出身，你难道不知道么？[20]

此时俄狄浦斯开始了探寻。通过对其母的追问，事实渐渐明了：充满求知欲，且探求与辨别能力非常人可比的他；——懵懂无知之中行大不义——反而万事亨通——直到知情之后，这一切则被完全摧毁；——这就是真理与生命间纷繁复杂的关系，剪不断，理还乱：

不会有人说是凶狠的恶魔把这带给我俄狄浦斯的吧，

可这么说难道不对么？[21]

在最终必须面对可怕的真相之前，他想死：

我可否从尘世之人的眼光中消失

在我看到如此的灾祸使我受辱蒙羞之前。[22]

伊奥卡斯泰想把他引回那从不发问而可以获得生路的懵懂无知之中，但这是徒劳的：

人有什么可怕的？都是听天由命，都不受什么准确可靠的预先判断的指引，

最好是无忧无虑，顺其自然。

所以，不要再为你母亲的婚姻而恐惧！

因为，许多人就曾在梦中与母亲为伴。但这又有什么，活得轻松点儿吧。

……算了吧，别再探索调查啦！[23]

但诱惑无法让俄狄浦斯掩盖真相，一旦他发现蛛丝马迹：

不水落石出，我决不罢休！[24]

真相大白，他戳瞎了自己的眼睛。从此以后双眼将在黑夜中观看与体验，因为眼睛已经看不到：

他的痛苦、不幸，和他的恶行。[25]

合唱队为其整个人生作了总结，生命是幻想，幻灭就是毁灭：

人啊！
我把你的生命视为乌有。
哪一个不是荣华富贵、梦幻泡影、转瞬即逝，不过如此吧？
有你这鉴戒在，
有你这命运在，
可怜的俄狄浦斯，
人啊，我不再把你祝福与颂扬。[26]

渴望真相和智力超人的俄狄浦斯永远都在那条他不想走的道

路之上。遭受了知情的不幸，他始料不及的是：

不幸的人啊，原因就在意识与命运。[27]

但是，对真相无条件的渴求和对苦难无条件的承担，就是在挫败过程中的另一种真实。因为知情与命运，俄狄浦斯遭到了厄运，而通过神的旨意，他又与新的价值相结合。他的尸骨保佑着他安息的土地。人们关怀死者并敬拜他的坟墓。在俄狄浦斯的内心之中发生了和解；随着他坟墓的神圣化，在世事变迁的过程中也发生了和解。

**哈姆雷特**[28]

无据可查的罪行发生了。丹麦国王被其兄弟谋杀，谋杀者登上了王位，并娶老王遗孀为妻。老王的鬼魂只向儿子哈姆雷特显现，并说明了冤情。除了凶手新王之外，无人知道这一罪行。老王告诉哈姆雷特，就丹麦的现行制度而言，没有人会相信发生了谋杀。因为鬼魂毕竟是鬼魂，对于哈姆雷特来说，这不是确凿的证据。可这样的一桩本身并无证据的大事，却又几乎为哈姆雷特所明了。通过这种关系，哈姆雷特的人生有了唯一的使命，就是证明那无据可查的罪行；如果可以证明，则采取行动。

整部戏表现的就是哈姆雷特对真相的追寻。而真相并非仅是追问犯罪事实的孤立问题的答案，真相的内容远不止于此：世界的总体状态是这样的，这种事可能会发生，而它有可能会隐而不显，如今它又逃避着，不愿被公开。当哈姆雷特明了自己的使命之时，他同时也知道：

> 这是一个颠倒混乱的时代，唉，倒楣的
> 我却要负起重整乾坤的责任！[29](第一幕第五场)

倘若有人与哈姆雷特有同样的遭遇——知道一件除他之外无人知晓的秘密，然而也没有十足的把握——他眼中的整个世界一定会是新奇和不同的。他把那些无法与他人交流的隐情留给了自己。每个人、每种境况、每种秩序通过抵抗，就此成为了掩盖真相的手段，从而表明了自己就是不真实的。一切都是那么脆弱。他们没有做到，以自己的特定的方式失败了，即便是最善意的、最好的人也是如此(奥菲莉娅、雷欧提斯)。"在这世上，一万个人中间只不过有一个老实人。"[30](第二幕第二场)。

哈姆雷特对真相的知晓及对知晓的渴望将其与世界相分离。他不可能存在于这世界之中，同时又与这个世界相适应。他扮演着一个疯子的角色。疯癫是他在这虚假世界之中的面具，面具不允许他违背自己的信念去伪装，去撒谎；也不允许他表示违心的敬畏。在嘲讽之中，他是真实的。他说的所有真实或不真实的话，尽管其中有些模棱两可，都会被这疯癫的角色所掩盖。疯癫是他选择的一个合适的角色，因为真相不允许他有别的选择。

当哈姆雷特意识到自己不容分说便被排除在外的特殊命运之时，尽管内心震动，有动摇也有怀疑，但他立刻就知道在自己身上发生了什么，这对他意味着什么；他说出了以下的言语，这言语就像是一次告别，一次排除了作为一个安安稳稳的"人之存在"的所有可能性的告别，同时又向他的朋友们隐瞒了这次告别：

> 你们可以去照你们自己的意思干你们自己的事——
> 因为各人都有各人的意思和各人的事，
> 这是实际情况——至于我自己，
> 那么我对你们说，我是要祈祷去的。（第一幕第五场）

然而，哈姆雷特戴的这副面具不过是和人打交道过程中的一个角色罢了。哈姆雷特必须要另外扮演一个真实的角色，一个在完全虚假的世界中的真相的追求者，和一个要对已发生的罪行采取行动的复仇者的角色。这个角色不可能表现得清晰、纯粹、正常。哈姆雷特必须接受由自我的品性与被分配的角色之间的矛盾带来的痛苦，以至于他不单看不到一个纯粹的自我，还要放弃自我，如同颠倒错乱一般。只有从这一点出发，我们才可以理解哈姆雷特对自我的判断。

一些解释者认为哈姆雷特优柔寡断，魂不守舍，说他犹豫踟蹰，错失良机，还说他做梦空想，无所作为。这似乎能被他的许多自责所证明：

> 可是我，
> 一个糊涂颟顸的家伙，垂头丧气，
> 一天到晚像在做梦似的，……（第二幕第二场）

> 这样，重重的顾虑使我们全变成了懦夫，

决心的赤热的光彩，

被审慎的思维盖上了一层灰色，

伟大的事业在这一种考虑之下，

也会逆流而退，

失去了行动的意义。（第三幕第一场）

我所见到、听到的一切，都好像在对我谴责，鞭策我赶快进行我的蹉跎未就的复仇大愿！

……现在我明明有理由、有决心、有力量、有方法，

可以动手干我所要干的事，

可是我还是在大言不惭地说："这件事需要作。"

可是始终不曾在行动上表现出来；

我不知道这是因为像鹿豕一般的健忘呢，

还是因为三分懦怯一分智慧的过于审慎的顾虑。（第四幕第四场）

实际上，哈姆雷特必须表现出无所事事的样子，总要找到一个不采取行动的理由。他在自己的面前就是如此表现的。前面所引的他的每一句话又迫使他必须行动。

但这就是悲剧的基本特征：哈姆雷特对于把真理及与真理相符的行为当作目标永远都抱有积极主动的态度。以真理存在的理应具备的标准衡量，他迟疑踌躇的原因则被完全合理化。命运加于他的境遇造成了一种陷于沉思而失去行动力的懦夫假象。

哈姆雷特绝非胆小懦弱、优柔寡断。相反的事实反复出现，显

而易见：

我把我的生命看得不值一枚针；……（第一幕第四场）

实际上，哈姆雷特不论出现在哪里，都显得胆大妄为。他机智果断，是一个立即就能做出正确决断的人（例如与罗森格兰兹和吉尔登斯吞的交往与周旋）。他的优势压倒所有人，他勇敢坚强，他除了以利剑与敌人搏斗，谈笑间也能打击对手。哈姆雷特丧失行动力绝非其个人性格所致。使他迟疑踟蹰的只是对人既了解又不了解的窘境——尽管他具备追根究底的绝对的洞察力。当他的气质一时间冲动至极以至于难以自控之时，他意欲剑刺国王，却杀死了波洛涅斯，即便帷幕后的真是国王，杀人也不是他的本意。因为他的使命的意义在于，把国王的所作所为令人信服地向这个时代公开，而非仅仅为了复仇而将其结果。如果以所谓果断坚决之人惯常的盲目蛮干行为所表现出的露骨状态来衡量哈姆雷特，那么哈姆雷特没有做出行动，但其实避免了轻率所表现出的直接性：他似乎囿于所知及对无知的自知之明之中；而那些坚决果敢的人，因为他们幻想的狭隘，却被束缚在他们强硬的主张之中、轻率的服从之中、无所顾忌的打斗之中、残酷野蛮的暴力之中。处在自我存在状态下的态度消极的人会做出激烈的、直接的行为——只有对这种行为抱有迟钝的热情才会责备哈姆雷特的不作为。

事实恰恰相反。在明确目标与使命的那一刻，他说道：

我的运命在高声呼喊，

使我全身每一根微细的血管
都变得像怒狮的筋骨一样坚硬。(第一幕第四场)

这话语中的状态,他一直保持到最后,直到他作出转变,当机立断与雷欧提斯决斗,并因而失去了生命。在每一个细微之处我们都能发现最敏锐的洞察与积极行动的努力之间的紧张关系,作为向目标进发的运动过程而存在着。这紧张关系仅有一次被完全失去了先见之明的感情用事的冲动盲目行为所中断,亦即在剑刺波洛涅斯之时。如果没有得到同时代人的了解,那么这种行为与面具就不是完全的真相,而同时代人的了解也是他所追求的。哈姆雷特垂死之际对想要与他一同赴死的霍拉旭说的话便是明证:

……霍拉旭,我一死之后,
要是世人不明白这一切事情的真相,
我的名誉将要永远蒙着怎样的损伤!
你倘若爱我,
请你暂时牺牲一下天堂上的幸福,
留在这一个冷酷的人间,
替我传述我的故事吧。(第五幕第二场)

带着无限的求真意志,哈姆雷特解不开的命运之结无力指向正义、真相以及良善本身。其命运终于沉默。然而,却似乎暗示了一些固定不变的点,尽管这些点不是真相本身,但这些点在哈姆雷特命运的演变过程中得到肯定，然而，不是为了哈姆雷特自己，而是从他自己出发为了他人。正是他在这世界中的一声肯定回答——“是的”，同时也是对一些人的肯定回答，这些人在悲剧中站在哈姆雷特一边，却与哈姆雷特形成了鲜明的对照。这鲜明的对照把哈姆雷特特殊的品性和命运推向了极致。

霍拉旭是哈姆雷特唯一的朋友，二人志趣相投：霍拉旭是一个诚实可靠的人，坚韧不拔，不畏牺牲，哈姆雷特对他说：

自从我能够辨别是非、
察择贤愚以后，
你就是我灵魂里选中的一个人，
因为你虽然经历一切的颠沛，
却不曾受到一点伤害，
命运的虐待和恩宠，
你都是受之泰然；
能够把感情和理智调整得那么适当，
命运不能把他玩弄于股掌之间，
那样的人是有福的。
给我一个不为感情所奴役的人，
我愿意把他珍藏在我的心坎，
我的灵魂的深处，
正像我对你一样。这些话现在也不必多说了。（第三幕第二场）

从品性与性格上看，霍拉旭与哈姆雷特确有相似之处。但使命与命运把哈姆雷特导向了一条绝对孤独的根本经验的道路，一条无法与他人分享的道路。

福丁布拉斯是这样的人，他生活在对人世间的现实的毫无拘束的幻想以及因为幻想而做出的积极行动之中，且从不质疑。他做事无所顾忌。他看重荣誉。哈姆雷特死后，他只是说：

> 我在这一个国内本来也有继承王位的权利，
> 现在国中无主，正是我要求这一个权利的机会；
> 可是我虽然准备接受我的幸运，我的心里却充满了悲哀。
> （第五幕第二场）

他立刻就懂得利用所发生的一切，但他尊重死者的命运，虽然带着些许惊慌。他给予死者最高的荣誉，并确认了哈姆雷特的地位，如同他在世间已经加冕了丹麦国王一般：

> 因为要是他能够践登王位，
> 一定会成为一个贤明的君主的……（第五幕第二场）

福丁布拉斯，这个无知的并且意识不到自己无知的现实主义者，能够继续生存下去。他力量有限，受其争取等级地位的理所当然的目的的束缚，预感不到有限的“现实存在”的凄凉绝望。但对于世界的有限的诸多目的而言，他得到了哈姆雷特——这个睿智者[31]的同意：“他已经得到了我这临死之人的同意。”（第五幕第

二场）

尽管福丁布拉斯出身贵族，但这样的充满荣誉的生活本身是那么地狭隘与虚假。早先，当哈姆雷特将自己与福丁布拉斯相比之时，便这样表达：

……真正的伟大不是轻举妄动，
而是在荣誉遭遇危险的时候，
即使为了一根稻秆之微，也要慷慨力争。……
……看着这二万个人为了博取一个空虚的名声，
视死如归地走下他们的坟墓里去，
目的只是争夺一方还不够给他们作战场或者埋骨之所的土地，
相形之下，我将何地自容呢？（第四幕第四场）

哈姆雷特既不可能成为霍拉旭也不可能成为福丁布拉斯。对于他个人来说，是没有什么实现的可能性么？因为对突然出现的真理问题的担心害怕，他似乎没有什么自我实现的可能，剩下的只是自我否定。然而，作者只给了他一次表达自我实现的可能性的机会，在给奥菲利娅的信中哈姆雷特满怀信赖地写道：

你可以疑心星星是火把；
你可以疑心太阳会移转；
你可以疑心真理是谎话；
可是我的爱永没有改变。（第二幕第二场）

依照某种绝对的标准，与其说哈姆雷特亲身体验到了真理，毋宁说体验到了某种不可动摇的东西，但真理无论以任何形式出现都会造成某种假象，这也正是该悲剧的悲剧性所在。奥菲利娅受到了蒙蔽。哈姆雷特的希望在灵魂被撕裂的可怕过程中破灭了。

哈姆雷特并没有在其真理之路上得到解脱。这是由命运带来的一个无知的空间，一种对临界的恒久感受。临界那里是虚无么？临界并非预示着什么也不存在，通过文艺作品，我们似乎可以得到微妙含蓄的暗示：这临界似乎能包罗万有。

哈姆雷特拒绝迷信，然而这不仅源于他自己对真理了解之清晰，还源于对某种不确定的万有之统摄的信赖：

> 不，我们不要害怕什么预兆；一只雀子的死生，都是命运预先注定的。注定在今天，就不会是明天；……
>
> 随时准备着就是了。一个人既然在离开世界的时候，只能一无所有，那么早早脱身而去，不是更好吗？（第五幕第二场）

他不相信迷信，而是更加坚决果断地指向具体明确的行为：

> ……我们应该承认，
>
> 有时候一时孟浪，往往反而可以做出一些
>
> 为我们的深谋密虑所做不成功的事；从这一点上，我们可以看出来，

无论我们怎样辛苦图谋，

我们的结果却早已有一种冥冥中的力量把它布置好了。（第五幕第二场）

在哈姆雷特对其无知的表达方式中，我们感受到的不是虚无，而是超越者：

霍拉旭，天地之间有许多事情，

是你们的哲学里所没有梦想到的呢。（第一幕第五场）

当亡灵向哈姆雷特显现之时，并未多言，点到为止：

可是这一种永恒的神秘，

是不能向血肉的凡耳宣示的。（第一幕第五场）

同时在哈姆雷特最后的话语中，我们似乎可以感到一种不可思议的充斥内心的无知的态度：

此外仅余沉默而已。（第五幕第二场）[32]

以间接的方式经过反复的克制，霍拉旭对死者所说的感人至深的话语为整个故事做出了总结：

一颗高贵的心现在碎裂了！

晚安,亲爱的王子,愿成群的天使们用歌唱抚慰你安息!

(第五幕第二场)

莎士比亚似乎从未将这样的护送赋予过他笔下的其他即将逝去的主人公。与斯多葛学派的智者、基督教的圣徒及印度的隐士相比,哈姆雷特这种类型的人物并非要表达一种普通的生存方式。但他在追求真相和人的高度的道路上坚定不移;他完全地进入了这个世界,他并未逃避这个世界,而是从这世界中被逐出的;他背负命运带来的苦难,他的英雄气概也并不慷慨激昂,这些都是哈姆雷特这样一个高贵的人独树一帜的地方。

这是人的一种境遇,这种境遇被以哈姆雷特为主人公的戏剧的比喻所再现。真相可以被发现吗?与真相相伴的生活是可能的吗?对于这些问题,人的这种境遇做出了回答:生命的力量源于盲目,这力量存在于所相信的神话以及来自臆想的知识的神话替代品之中,存在于从不质疑的确信之中,存在于目光短浅的不真实性之中。在人的这种境遇中,对真相的追问成了一项不可能完成的任务。

如果在受到触动的灵魂不断的关注下,真相全无遮掩完全敞开,如同一种存在于哈姆雷特心中一般的无与伦比的英雄气概不能找到出路,那么,即使大白于天下,真相也丧失了活力。如果一个人的坚定的动力不在光亮中发挥出来,那么反省(亦即意识)的力度就会削弱。但力量耗尽,而自我实现皆成空谈,展现出来的则是一幅超人般的而不是非人的伟大最终失败的图景。观点不同,但结论一致:如果按照尼采的理解,真相是不被接纳的,而迷误倒是必须的(亦即,在与当时的作为生存条件的基本真相相关的意义上)。[33]这与荷尔德林的观点一致,认为恩培多克勒[34]将全部真相带给民众是犯罪。[35]永恒的问题是:为了真相,人一定要付出生命的代价吗?真相就是死亡么?

哈姆雷特的悲剧是在面对人的极限时产生的令人毛骨悚然的知识。这里没有警示,没有优先权,有的只是对存在的知识,这种知识是在具备求真意志的无知状态下获得的;"现实存在"因此遭到挫败,"此外仅余沉默而已"。

## 三、悲剧的主体性

悲剧知识是一种个人感情会卷入其中的观察，而非仅是认识性的观察。它是一种认识，在这认识的过程中，我个人将会通过我自己想要的方式去认识，并以这种方式去发现、去感受。在这种知识中，人的转变发生了。人走上了一条解脱之路，一条以对悲剧性的克服为方式，向着存在蓬勃发展的道路。然而，在直观的过程中，以审美上的冷淡的状态，则会走上一条没落的道路；这使人精神涣散，并把人变得玩世不恭、毫无底线。

### （一）解脱的一般概念

在人世间被抛弃，被忍受的一切苦难，面对迫近的毁灭的绝望，都使人急于得到拯救。这拯救，或是现世的帮助，或是永恒的解脱，或是一时间困境的解救，抑或是苦难的解脱，皆无不可。

拯救是一种每个人在其境遇之中与其同伴一起进行的实践活

动。但除此之外，自远古起，提供帮助的多是像巫师、萨满、祭司这样的非同一般或疯魔迷狂之人，这些人具备一些只有他们自己才掌握的手段。

在人类史上，公元前的最后一千年是一次深刻的重大转折。人的意识开始思考困境的普遍性，并通过预言家和救世主寻求困境的解脱。这些预言家或救世主面对作为人的人，提出普遍性的要求，并希望帮助所有人。困境绝非仅是“现实存在”的日常的困境，绝非仅是疾病、衰老与死亡，而是指（或因无知、或因罪恶、或因混乱）“人之存在”与世界的根本性的坍塌。救世主、世界秩序的维护者及和平的缔造者不再仅仅提供此刻现世的某种特别帮助；而是通过这种帮助，抑或在完全不提供帮助的条件下，向苦难的人们指示总体性解脱的方向。

总体性解脱存在于一个客观事件之中，该事件通过启示为人所知，这样，人就可以知晓总体上正确的道路，并在其中找到自己的正确道路。世界性事件既可被推想为非历史性的事件，例如周期性经常反复出现的事件；也可以被理解为独一无二的历史性事件，例如历史转折关头发生的决定性大事件，以及启示的步骤。在上述两种情况下，无论这世界性事件是普遍法则抑或普遍的历史过程，它都是一个普遍的、总括的事物。通过这一被客观地意识到的统摄，所有的困境才被认识与克服。个体通过自律与苦行，通过其意识中的神秘的过程，参与到统摄之中；并通过恩典，通过某种蜕变过程中的自身本质的重生，而得到升华。

对于诸多不幸而言，解脱的内涵要广于帮助。苦难本身及从苦难中的解放将会作为一种形而上的过程从事物的根本之中，被亲身体验。

### （二）悲剧与解脱

悲剧直观是一种方式，人的困境被视为形而上地固定于这种方式之中。如果没有形而上的根基，那么存在的仅是苦难、悲叹、不幸、堕落和失败，因而，悲剧首先揭示的是超越性的知识。

有些文艺作品，其中只再现了诸如劫掠、凶杀、阴谋这等恐怖的事物——简言之，各种可怕的事——这些作品绝非悲剧。悲剧需要主人公在悲剧知识之中，同时，悲剧的观者也要被带入其中。这样便产生了对源自悲剧的解脱与本真的存在二者所提出的问题。

摆在悲剧主人公与观众面前的问题是不同的，前者现实地处于临界境况之中，而后者只存在体验到这种境况的可能性之中。观众的认同与情感上的融合是他身处其中的条件：他体验到了可能在他身上发生的一切，如同这一切已经成真一般；因为他已经放弃了他的自我而投入了宏观的人的自我之中，那个他与其他所有人所共同拥有的自我。在悲剧中被展现出来的是，我自己存在于众人之中。这从不幸中告诉我：这就是你，你就是如此！“同情”使人成为人，然而，这同情并非心软的惋惜意义上的同情，而是自我置身其中的存在的意义上的同情。因此，人性的氛围存在于伟大的悲剧之中。但是，因为观众自身的处境实际上是安全的，所以他能够轻易地从深受触动的“人之存在”的严肃态度，陷入其体验的审美的无约束状态之中；由此，观众的体验会沉沦为对恐怖与残酷事物的无人性的快感,道德上的自以为是,以及在与高贵的主人公情感认同过程中的不真实的自我价值的虚假感受的自欺。

悲剧知识发生在文艺作品中主人公的心里。主人公不仅遭受了痛苦、败落与灭亡,而且他对此是知晓的。他不仅对此知晓,而且他的精神还陷入了极端的矛盾之中。悲剧再现的是那经历了临界境况与非常境遇,正处于变化中的人。如同卡桑德拉[36]一般,悲剧主人公抓住了悲剧氛围;他的质疑直指对事件的操纵;在斗争的过程中,他意识到了自己所隶属的权力,而且这权力并不是全部;他了解并且探寻自己的罪过;他对真理存在提出了疑问;他有意识地完成并实现了胜利与失败的意义。

对悲剧的直观既是超越又是解放。在悲剧知识中,解脱的渴望不仅是对于从困境与苦难中得救的渴望,更是在超越的过程中对于从悲剧性的存在体制之中得到解脱的渴望。然而,解脱在悲剧中发生与解脱从悲剧中发生,二者有着根本的差异。要么悲剧继续存在,而人通过对它的忍受与身处其中的自我改变而获得解放,要么悲剧似乎自身被解脱一般,它终止结束,成为了一个过往的存在;穿越悲剧的路终有尽头,但悲剧已经渗透而进入本真的生活之中,虽然已经过扬弃,但归根到底被保存了下来并成为本真的生活的基础,而如今这生活已不再是悲剧性的。无论在悲剧之中抑或在跨越悲剧的过程中,经过手足无措与迷茫困惑,人得到了解脱。人既没有陷入黑暗玄夜之中,也没有陷入混乱之内,而是好像在一片存在的确信的土地上着陆一般,正因为确信,它同时也是一片令人心满意足的土地。然而,这确信与把握、这满足与如意又并非是确定无疑的。它的获得需要经历令人完全绝望的危险。这危险依然是一种威胁与可能性。

### （三）悲剧中的解脱

面对文艺作品，悲剧的观众体验到能为他带来解脱的东西。面对悲剧，从根本上看，使悲剧的观众为之倾倒的与其是好奇心或破坏欲，或对兴奋与刺激的渴望，毋宁是某种比所有这些更深层的东西：观众兴奋的整个心理过程，由在直观中不断增长的知识所引导，将其带入与存在本身的如此的联系之中，由此，观众在现实生活中的精神态度[37]便获得了意义与动力。在这对普遍事物的直观中发生的，无论如何都是一种解放，这解放便是深为悲剧本身所感动的后果。然而，由于这感动的产生是要做出解释的，所以会有若干答案，其中每一个答案都有其重要性，同时，每一个答案甚至所有答案，对于在悲剧知识中占据全部心灵的基本直观的现实性来说，又都是不充分的：

a）在悲剧主人公的身上，人看到了自身发展的可能性：无论发生什么，一定要坚定不移。

悲剧主人公经受住了毁灭的考验，他的英勇不屈体现了人的尊严与伟大。在沧桑变化之中，他能够保持英勇无畏、毫不动摇，但凡一息尚存，他就能恢复过来。他可以牺牲自己。

所有的意义荡然无存之处，所有的可知性归于乌有之地，某种存在于人的内部的事物会从深处显现出来：存在的自我主张。它发生于忍耐之中——“我定要默默地迎接并直面我的命运”——；并且，它还发生在生命的英勇无畏之中，就在这英勇无畏之中，在那从希望到无望、从可能到不可能的分界线上，有尊严地去等待死亡。此为真抑或彼为真，绝非一个可以被客观计算出来的问题。乍一看，它可能让人感觉像是生命的反抗，不惜一切代价要活下去；然而，其中可能包含服从：我在什么位置，我就坚持到底，精神态度全然地、毫无疑问地并且不容置疑地坚持到底。另一方面，它又会给人一种初步的印象，它像是恐惧，一种逃避生命的恐惧；然而，其中可能包含英勇无畏，尽管要被强加一种有失尊严的生活方式，并且始终受到对死亡的恐惧的困扰，依然英勇无畏地面对死亡。

但什么是英勇无畏？——并不一定是生命力，亦非单纯反抗的力量，而是摆脱“现实存在”束缚的自由，是赴死的勇气，在这过程中，灵魂在坚守，通过这坚守，灵魂看清了存在。英勇无畏的特性为本真的人所共有，尽管他们信仰的内容不同。从一个在自由中灭亡，并以自由意志牺牲自我的悲剧人物身上，可以看到某种具有本源性的事物，就在这具有本源性的事物之中，他表明了自我的本真存在的可能性。

面对悲剧，观众对于可能的自我以及对于在悲剧知识中明确传达的信息，皆能有所预判，有所掌控，有所强化。

b）在有限的事物的灭亡中，人看到无限事物的现实性与真理。存在本身就是所有统摄者的统摄者，在其面前，每种特殊的形态必然遭受挫败。主人公及作为其生活信条的理念越是伟大，则发生的事件就愈加具有悲剧性，并且所表现出来的存在也愈加深刻。

那对于本不该有罪的罪人灭亡过程中的正义的道德评价与悲

剧并不相合；罪与罚之间的关系变得狭窄，隐没在道德之中。只有当人的伦理实体分别为相互冲突的若干力量所掌控之时，才能成就他英雄的伟大；他的罪才会变为无罪的、性格坚定的必然性；他才会从覆灭走向重生，在这过程中，覆灭的事件被扬弃。一切有限的事物在绝对者面前都会得到判决，这就将覆灭从偶然和无意义性带入了必然性。有了个体的伟大，个体为之牺牲的整体的存在才被表明。悲剧主人公与存在相结合的同时，走向了覆灭。

特别需要提及的是，黑格尔将这种解释作为悲剧的决定性的中心内容，这样，悲剧就被简化了，这种简化告诉我们，黑格尔走上了一条剥夺悲剧的本真的悲剧性的道路。他看到的脉络确实存在，但这个脉络只是在与誓死的自我主张形成对立统一的条件下才有效。如果这个条件不存在，那么悲剧将不过是和谐的陈词滥调和提前到来的满足罢了。

c）通过对悲剧的直观，在悲剧知识中出现了狄俄倪索斯的生命感，正如尼采所作出的解释一般。[38]在厄运之中，观众不经意间发现了存在的欢腾，在所有的破坏之中，这存在被永久地保存下来，并在挥霍与破坏之中，在冒险与覆灭的过程之中，认识到自己至高无上的权力。

d）按照亚里士多德的观点，悲剧直观会产生净化或称为灵魂的净化的效果。观众心中充满了对悲剧主人公的同情和由于对自己的担心而产生的畏惧；在经历了这些情感冲击之后，观众又从中解脱了出来。从情感的激荡之中产生了情感的升华。情感的自由似乎就是经过整理后的情感冲击的结果。

所有解释的共同之处在于：在悲剧中，观众会体验到以失败告终的存在的显明化。在悲剧中发生了从苦难与惊慌恐惧到事物的原因的超越。

## (四)源于悲剧的解脱

当悲剧将重点放在通过对某个存在的认知而实现对悲剧的克服之上时,这部文艺作品才谈得上源于悲剧的解脱。对于这个存在而言,悲剧或是和解的基础或是亮相的前台。

a)古希腊悲剧。在《欧墨尼得斯》中,埃斯库罗斯让悲剧事件成为过去。从悲剧事件之中,从神和魔与阿雷奥帕古斯[39]的法庭达成的和解以及随后产生的欧墨尼得斯崇拜之中,产生了城邦中“人之存在”的秩序。悲剧性的英雄时代已被正义和秩序的时代所取代,被服侍众神、信仰城邦的时代所取代。漆黑夜晚中的悲剧成了璀璨人生的基础。

《欧墨尼得斯》是埃斯库罗斯现存的、我们可以看到的唯一一个三部曲中的最后一部。埃斯库罗斯的所有其他现存的戏剧作品皆是某个三部曲中的第二部,亦即,皆无存在于第三部中的可能的戏剧冲突的解决。《普罗米修斯》也是一个三部曲中的第二部,而最后一部将会出现神祇悲剧向神祇秩序的扬弃。古希腊人的信仰,在埃斯库罗斯的心目中是如此地完美卓越,同时,也成为了其作品的统治性主题。

索福克勒斯同样是生活在信仰之中的人。其作品《俄狄浦斯在科罗诺斯》,便以和解的建立而收尾,这可以与埃斯库罗斯相比较。在人与神之间、人的行为与神的权力之间永远存在着某种意味深长的关系。这就是悲剧的主题：尽管不可思议，难以理解，悲剧主人公确因不知情而犯罪（如安提戈涅）或因愧疚而毁灭（如俄狄浦斯）；某种不为人知，但为人所确信的神圣的存在，使这些悲剧主人公屈从神意，并牺牲自我的意志与“现实存在”；作品中片刻间会难以避免地透露出谴责之声，但这谴责最终会在悲叹中消逝。

在欧里庇得斯的作品中不存在源自悲剧的解脱。意义被消解了。心理的冲突、意外的情况、神的插手干预[40]使得悲剧不加掩饰、直截了当。个体被抛回自我，向自我倒退。绝望产生了，绝望的疑问产生了，对于意义与目的、神的本质的绝望的疑问产生了；不仅悲叹，而且谴责也在前台出现了。此刻，祈祷中的平静、神的理性中的平静将被打破，只为随即重又陷入新的疑惑之中。这绝非解脱。诸神被堤喀[41]所替代。人的界限与人的孤寂是那么地明显。

b）基督教悲剧。基督徒不承认本真悲剧的存在。当解脱发生，并且不断地通过恩典发生之时，世界的“现实存在”的不幸与灾祸可能会升级为对于世界的最悲观的视角，并依照这种非悲剧性的信仰而变为一个对人进行考验的处所，就在这里，人获得了永远的灵魂的得救。世界的“现实存在”是一种在天意的操纵下而发生的事件。这里的一切都不过是道路和过渡，而绝非最终的存在。

实际上，如果在其超越的过程中去把握，那么所有的悲剧性都是如此这般地透明：在虚无中，坚守的可能与死亡的可能实现了某种“解脱”，但在悲剧中，则是通过悲剧自身实现解脱。如果只存在纯粹的内在性，那么不成功的坚守和自我主张都将毫无意义。但在自我主张的过程中，内在性并非通过另一个世界，而是在超越的过程中，在临界知识中以及在关于临界的知识中被克服。只有某种信仰，某种对于不同于内在性存在的他种存在有所认识的信仰，才能实现从悲剧中的解脱。但丁与卡尔德隆[42]的作品便是如此。悲剧知识、悲剧境况及悲剧英雄精神，这一切都被彻底改变，因为通过艺术再现它们被包含在天意的意义之中，并被纳入恩典之内，正是这恩典将人从世界的极度的虚无与惊人的自我毁灭中解脱出来。

c）哲学悲剧。以哲学的基本态度而获致的源于悲剧的解脱绝不会存在于悲剧之中。对于一个人来说，如果只是默默地坚守是不够的。虽然为着其他的某个事物蓄势待发，但只是将它作为充满幻想的梦中的象征也是不够的。而是，一定要在某种实现的过程中，产生对悲剧的克服，而这种实现虽然有可能以悲剧知识为基础，却并不存在于其中。这种实现活动只在一部作品中有过一次描写：莱辛的《智者纳旦》，它是包括《浮士德》在内的最深刻的德国剧作。（歌德，虽然相比之下更加丰富华丽，更具直观力，但他的作品却离不开基督教的象征的威力；莱辛则把笔墨集中于不具欺骗性的人性之上。莱辛其实已经表达得清清楚楚，但只要读者无法切身地感受到这些，他们便会误以为莱辛语言贫乏，缺乏形象表达与比喻，形态匮乏、人物单薄。）

（在他的妻子和儿子死去之后），出于对自己人生的彻底绝望，加之因与卑鄙的主任牧师格策的争执而产生的强烈不满，莱辛[43]写下了这部，用他自己话讲就是“戏剧诗[44]”。在这绝望的时刻，人总是倾向于忘记这世界是多么地现实，然而，与这种可能性正相反对，莱辛如是说：“绝非如此！这个世界，正如我心中所想的那样,就是一个自然的世界;它不会仅仅因为天意,而不那么现实(全集第 13 卷 第 337 页"[45])。莱辛在纳旦身上展现了这样一个并非俨然普遍存在,却又并非不现实的自然世界。

《智者纳旦》并非一部悲剧。正如该剧开头所示,纳旦的悲剧性寓于其经历与往事之中。这悲剧性就在他的身后:他约伯一般的命运,与阿萨德[46]的毁灭。从悲剧与悲剧知识中,作品所再现的事物首先在纳旦心中生发出来。悲剧既不是如同埃斯库罗斯那样,通过对一个由宙斯、狄刻及众神操纵的世界所做的神话直观被克服;也不是如同卡尔德隆那样,通过一切都会在其中得到解决的某种特定的基督教信仰被克服;亦不是如同印度戏剧那样,通过某种不容置疑的存在秩序被克服;而是通过某种本真的"人之存在"的理念被克服。这一理念展现为生成中的,而非给定的本质存在;它并非存在于对达于至臻的世界的直观之中,而是存在于统摄性的努力之中,源于内在行为的这种努力会在这些人的交往过程中实现。

如同纳旦以最深重的苦难为代价最终获得了理性的灵魂的成熟一般,人类作为一个离散的家庭重新团聚,彼此原来不相认,但现在相互认出(这在作品中,通过真正的具有血缘关系的家族,以象征的手法表现出来)。纳旦这么做并非依照源于广博的知识的有目的的计划,而是一步步地,借着他在各种处境下所获得的知识与推测,通过他永远不变的仁爱之心而完成的。因为,人所走的道路并不具备合理的目的性,道路之所以可行,是源于心灵的力量,这力量利用了最明智的理性。

因此,文艺作品中再现的是,一切错综复杂的矛盾冲突从形成到解决的过程。在对这些人的本质的揭示过程中，不信任的、猜疑的、敌对的行为皆不复存在。出现在理性的空间之内，源于爱的动力的一切，最终都会相安无事。自由引发自由。明智的审慎之后是霎时间明确的理解，细心的谋划之后是突破性的毫无保留的坦诚；以二者为中介，从这些灵魂的深处，将发生诸多相遇。不可动摇的休戚与共的关系建立在这些相遇基础之上的时候，也正是那些不属于"人之存在"的家族的卑鄙、无耻之徒不知不觉失势之时。

人，并非唯一真正的"人之存在"的若干标本，而是原初便具有某种本质特性的每一个独特的个体，或个性化的人物。他们的相遇并非基于共同的特性（因为他们之间的差异要多大有多大：伊斯兰教托钵僧、修道院修士、圣殿骑士、纳旦的养女莱夏、苏丹萨拉丁、纳旦），而是基于共同的面向真理的走向。所有人都陷入其特有与适宜的错综复杂的纠葛之中，而他们正是通过这些纠葛而彼此相区别；他们都能化解这些纠葛，并克服自身本质存在的特性，而非将其泯灭；因为他们生活在一个深层的基础之上，并且他们又共同地植根于这个基础之上。他们各自都是具有自由存在的能力与自由存在的特殊人物。

这部作品是人的人格中"理性"的具体化。与其说是单独的行为与语句，或是感动与真相，毋宁说是诗句的氛围向我们讲述着全体的精神。我们一定不能拘泥于素材，或被素材所束缚。十字军东征时代的圣地以及人们在那里的相遇和互动、德国启蒙时代的理念、一个被鄙视的犹太人作为主角，这一切都不是本质性的，而是受时代制约的素材与不可或缺的直观性，为的就是再现许多文艺作品归根到底难以描绘的事物。莱辛似乎是知其不可为而为之,并且,好像几乎达到了预期目的。对该作品的诸多异议集中在细枝末节和创作素材上,或是指责它的非诗意的抽象化,或是指责它其中的启蒙思想,再或是指责作品中的倾向性。看似最简单的也是最难理解的事情并非对于理智与眼睛而言,而是对于与其自身的深度相统一的灵魂而言的;亦即,需要我们去感受的是这种哲学的热情,其深不可测的悲哀,其冷静的自由的喜悦,以及——我们独一无二的莱辛。

“哪里有调和的可能,悲剧就在哪里消失”[47](歌德语)。如果这种调和被设想为世界与超越的过程,在这过程之中,一切自动达致和谐;那么,这便是一种错觉,通过这错觉,悲剧将消失殆尽,而谈不上被克服。如果这种调和是源于发生在“爱的斗争”[48]的深处的人与人之间的交往及由此而建立起来的联系,那么这便不是错觉,而是在克服悲剧的过程中,“人之存在”的实存的课题。正因为这个原因,我们才可以在不自欺欺人的条件下,把握对悲剧的形而上的克服。

## (五)悲剧向审美的无责任性的变化

古希腊悲剧是在酒神节演出的,它是一种祭礼。中世纪的神秘剧[49]也与宗教崇拜有关,之后,卡尔德隆将悲剧作为神秘剧来创作。而在莎士比亚时代的英国,悲剧作品则是某个强大世界的自我认识。在悲剧的全盛期,无疑会发生某种内在的解放,这种为世界所固有的解放与祭礼相似,它的实现也要借助身处其中的人所体验到的精神上的振奋。伟大的作者都是其所属民族的教育者，是其民族精神态度的预言者。听者不仅被打动，且将之内化，而复归于真正的自我。

但是，文艺作品及观者总是会堕入单纯的戏剧之中。单纯的戏剧是不受约束的。最初的严肃庄重是一种在悲剧知识中的“解脱”方式，它在观剧的人的心中引发了某种变化。但在向普通人的自我消遣堕落的过程中，严肃庄重便如同受到刺激后而获得的享乐一般，变得不严肃不庄重。

重要的是，我不仅要观看演出，“以审美的方式”愉悦自我；而且我作为我自身还要参与这个过程之中，把产生在艺术再现中的知识作为与我相关的知识来贯彻执行。当我以为自己是安全的，并且仅仅像陌生人，或者像一个事情可能会发生在自己身上但最终幸免的人一般袖手旁观之时，实质内容便丧失了。然后，我从一个安全港看这个世界，如同我不再乘着一条漂泊的船，载着我在这世间的命运，去追寻那个目标。我在宏大的悲剧解释中看这世界：这世界有意要使伟大事物毁灭，这毁灭的发生无非是供事不关己的观众取乐罢了。

其结果是实存的能动性的麻痹。这世界上的厄运并没有将人唤醒，反而诱发了某种内心的态度：它就是如此；因为它就是如此，所以我不能改变它，并且我应该为没有牵涉其中而高兴。但我渴望从远处看着它：只要我平静安定，它尽管在别处发生好了。在观看的过程中，我感觉到了冲击，我在臆想的自我情感的伟大中给内心实施了提振，我支持了其中的一方，做出了判断，使自己恐惧惊慌，同时我告诉自己待在现实之中远离这一切。

悲剧知识向审美教育现象的转变发生在古代晚期（在对古代

戏剧的重复中)，并在晚近的时代重新出现。不仅观众，连作者也抛弃了最初的严肃庄重。19世纪的新悲剧大部分皆是在思考的力量帮助下建构起来的具有高超技艺的作者的作品，这些作品都有吸引人的慷慨悲壮之感。从前，悲剧中的解脱是在不曾提及与不可提及的基础之上，对悲剧的通盘观察的过程之中所获得的解放；现今，则成为对戏剧人物出演的悲剧中的哲学理论的认识。这是一种用符合审美标准的演出盛况来描绘的非现实性。在这个被演绎出来的精神陶冶的世界之中，人与作品间的差异多数情况下会促使一部苍白的戏剧的产生；这部戏中的情感冲击的强烈性、事件的戏剧性及舞台效果的巧妙性，却无法替代从那古希腊戏剧与莎士比亚作品的无限深度中向我们作出的诉说。如今，剩下的只有思考、伤感、慷慨悲壮，或许还有些真正的洞察，但已支离其形。在一些最好的作者，如海贝尔与格里尔帕策的作品中，精神陶冶的严肃庄重代替了实存的严肃庄重来创造人物形象，而当你叩诊这些人物形象的真实性之时，得到的却是空空之音。

## 四、悲剧的原则性解释

悲剧的主人公在他们的临界境况中完成并践行了悲剧现实。这种现实在文艺作品中被再现出来。悲剧的主人公以关于存在的悲剧的普遍命题的形式将这种现实表达出来。悲剧知识成为了悲剧现实的基本特征。但悲剧的世界解释的(悲剧的形而上学的)系统性展现却是一种思想上的问题,这种思想上的问题要在对文艺作品(以及与之共存的)世界进行思考后形成的见解之中,才可以尝试回答。所有对悲剧的理解都要始于某个原理,并且要以该原理的分支的形式被推演。

发生在悲剧作品中的诸多自我解释,按一定的方法建立联系,将会得到悲剧的原则性解释。这些解释要么是神话解释,要么是概念性的哲学解释。以上概要说明,以下建立联系,系统论述。

## （一）神话解释

神话解释是一种在形象中的思考，然而这形象是作为现实而表现出来的形象。神话解释在古希腊悲剧中占有支配地位。在了解作为决定性权力的神与魔的情况下，悲剧的艺术再现只有在对这些神的信仰的范围内，才是有意义的。古希腊悲剧与我们之间遥远的距离正在于此。我们不再祭拜他们的神，也不再信奉他们的魔。但我们可以理解在古希腊悲剧中哪些内容曾是起作用的。我们以无以伦比的方式被古希腊悲剧中的严肃庄重所吸引，那是围绕神魔等诸多形象的思索、质疑和解答所表现出来的严肃庄重。相反，莎士比亚则与我们相接近，这是建立在他的戏剧氛围与我们接近的基础上的。在世俗的舞台上，这种氛围给了莎士比亚以暗号，而非以实体化的信仰内容的方式说话的机会。在莎士比亚的作品中，没有欧墨尼得斯与命运女神摩伊拉，没有阿波罗与宙斯，却有女巫、鬼怪显灵与童话魔法；没有普罗米修斯，却有《暴风雨》中掌握魔法的男主人公普洛斯彼罗与缥缈的精灵爱丽儿；没有作为演员表演框架的祭礼，却有崇高的使命：在镜子中展现世界，为现实作证，使意义、秩序、法则、真理、神圣的背景显而易见。因此，对莎士比亚悲剧的神话解释是站不住脚的。

神话解释主要涉及事物的操控：

善于谋划、自诩为事物操控者的人，一定会亲身体验到，尽管机关算尽，他依然受到另一个包罗能力更强的事物的制约。他的无知对于这捉摸不透的事物来说是其悲剧知识的开放性：悲剧事件遵从强硬无情的操控。

在悲剧知识中，这种操控被理解为“命运”。然而，何谓命运，从神话的角度观察会有多种截然不同的形式：它是非个人的—匿名的诅咒，作为罪孽恶行的结果，通过新的罪孽恶行而代代相传——亦即世代诅咒——（例如在埃斯库罗斯与索福克勒斯的作品中），它由超自然的令人恐惧的恶魔般的存在发出（例如复仇女神厄里倪厄斯），被诸神所预知，以神谕的方式被预言，还是通过神的干预被推动或被阻碍。这绝非总是抑或多数情况下是人的罪过。相反，悲剧主人公有权说：

> 我有罪，但
> 这已超出我该承受的限度……
> 我所做的一切皆不是有意为之！……[50]
> 不知者不为错，律法面前我无罪……
> 我不是有意为之。[51]

他到底还是表达了态度：

> 不知者不为过，你休得责备于我！[52]

有诅咒，还有预言。诅咒残酷无情，预言则牢不可破（俄狄浦斯在欧墨尼得斯的神圣树林中，找到了预言给予他的极乐的生命终点）。

所谓非个人的—匿名的，则尤指摩伊拉，她统治着众神，而众神皆要听命于她；或者她与最高神——宙斯合而为一（埃斯库罗斯）。

所谓非个人的—匿名的，还指堤喀，即偶然。这偶然毫无意义，与众神无涉，而受制于肆意妄为（这发生在欧里庇得斯的作品中），而后自我神化或魔鬼化为堤喀（在希腊化时代）和福尔图娜。

操控是天意，它作为神的捉摸不透的意志支配着灵魂的得救（在卡尔德隆的作品中）。

每次操控都是通过人自身的行为而实现的，并会招致人所始料未及与不愿看到的结果。

在神话的直观中，世界是神与魔的力量发挥作用的空间。这些力量纠缠在逐渐匿名化的作用之中，例如它们出现在众人、事件或行为之中。人们只有找到了这些作用的根源——神与魔，才能理解这一切。

## （二）哲学解释

思想意欲通过概念而不是通过形象去把握本真的悲剧。它在努力探寻诸多普遍的解释：

悲剧被置于存在本身之中。所存在的一切皆处于否定性（所有存在者的辩证法）之中，并通过这种否定性，运动变化而成为悲剧。神从根本上看是悲剧性的；苦恼的神是存在的根基。“泛悲剧论”是普遍的悲剧性的形而上学。世界的悲剧性归根到底是悲剧性的结果。存在是脆弱的。

如果说存在的根基是悲剧性的，那似乎是荒谬的。不通过真正的超越转而在这种有限的虚假知识中，将属于世界的某个事物绝对化：悲剧性存在于现象之中。具备悲剧性的事物可以照亮存在；另一个事物通过悲剧性在述说，而该事物已不具悲剧性。

悲剧被置于这个世界之中。如此，世界悲剧就是在现象中的普遍的否定性：一切事物的有限性、分裂的多样性、为了存续并占有优势而发生的所有“现实存在”与其他“现实存在”间的斗争、偶然性。因此，那产生与出现的万事万物的普遍的毁灭，这样一个世界的事件进程，是具有悲剧性的。

如此，不仅悲剧与始终以对生命的内心体验为前提的各种罪恶、不幸与痛苦之间的差别被消除，而且悲剧与否定性间的差别从总体上也被消除了。但我们对本真意义上的悲剧性的讨论都只是围绕人而展开的。

人的悲剧可以分为两个阶段：

a）人的一切的生命、行为、成就、功业必将以挫败告终。诚然，死亡、痛苦、疾病、无常可以被遮掩起来，但它们才是统摄一切的、最终的事物。因为，作为“现实存在”的生命是有限的，它处于相互排斥与相互斗争的多样性之中。生命会走向灭亡。对此的认知已经是悲剧了：从某个总括性的“现实存在”基础出发，才出现了毁灭与走向毁灭的痛苦道路的各种独特形态。

b）但当悲剧知识理解了毁灭——它自身恰恰根植于真与善之中并不可避免地发挥效力——之时，更深层的与本真意义上的悲剧才会产生：

分裂是在多个真理之中的分裂。真理面对真理，会展开一场从自己的正义的立场出发的斗争，这场斗争所反对的不仅是非正义，而且还反对源于其他真理的不同的正义。因为不可调和的对立存在，所以悲剧性才存在。无论是服侍众神的神话表达（当然，服侍此神对彼神不利也罢，服侍此神与服侍彼神相排斥也罢）；抑或在没有普遍的直观解释的前提下，被展现为实存与实存间的斗争，从本质上讲，两种表达方式没有不同：人的“现实存在”的本性、精神、实存不仅处于承担连带责任的共同关系之中，而且处于具有排他性的斗争之中。伦理上的必然的事物在其自身之中，承载着某种罪过，因为它破坏了另一个伦理上的必然的事物。

能使本真的悲剧突显出来的诸多差异从这里出现：普遍的挫败是“现实存在”的基本特征，且绝无例外；该特征包括偶然的不幸、最终可以逃脱的罪过和徒劳的受苦带来的不幸。首先，挫败，那种并非在可能的施展发挥的过程中以及可能的成功之前提前出现的失败，而是源于成功本身的挫败，本来就是悲剧性的。在普遍的不确定性中，对“现实存在”的无尽的苦难与牺牲的认知还算不上悲剧知识，而对真与善中所固有的最终灭亡的萌芽的认知才是悲剧知识：在那臆想的成功与臆想的存续的最后与最深层的坚定之中，置身于无底深渊，任其摆布。

悲剧知识绝非存在于对挫败与痛苦的渴求之中，而是当采取实际行动与事情处于实现的过程时，存在于先是对危险的承担之中，然后是对罪过以及应有的毁灭之不可避免性的承担之中。

“成功或挫败”的非此即彼的思维是无法理解悲剧的；只有具备洞察力的思维才有这种能力，它要能够在盛极一时的成功中发现原本就具有的挫败。此外，它还发现了：以失败的形式出现的不真实的挫折，偶然的不幸，对于挫败而不是对于事情的实现的颠倒错乱的渴求以及全无必要的毁灭。

### （三）解释的界限

在悲剧知识的名称下，产生了对于存在的本源直观。但悲剧的所有解释都是不充分的。在古希腊悲剧中占有支配地位的神话解释本身就是悲剧直观的一种方式。然而，将诸多悲剧直观引入唯一的概念性的共同基础之上则是荒谬的。因为，作为诸多直观的它们总是或多于或少于概念性的理解所能表达的内容。依据悲剧知识的单个侧面——就文艺作品的诸多悲剧性对象——所作出的特定的意义解释，并没有切中整体。一些自称是悲剧的普遍解释的解释，要么缩限了悲剧的意义，要么切中了一个完全不同于悲剧的事物。

以下三者需要区分：其一，悲剧现实；其二，在对这一现实产生意识的过程中的悲剧知识；其三，悲剧哲学。悲剧现实只有通过可以改变人的悲剧知识才能起作用。而悲剧哲学——抑或悲剧解释——则(1)或是导向悲剧知识的颠倒错乱，(2)或是导向独立的本源直观的敞开。

1. 由悲剧知识向悲剧世界观的颠倒

任何将悲剧作为存在的支配性样态而进行排他性演绎的尝试都是一种颠倒错乱的哲学。对它的反对，就是反对任何这样类型的形而上学，即对存在与世界进行推导演绎，并对存在或神是什么提出见解；我们对它的批评是：它是绝对化的与有限化的。那作为悲剧的起源，在存在的基础之上被确立起来的诸多深奥的二元论(例如在神之中的存在,不是神本身),也不过是哲学思维中相对有效的暗号,而并非知识推导出的结果。悲剧知识本身是一种开放的,无知的知识。如果固守于泛悲剧论,无论何种形式的泛悲剧论,那都是颠倒错乱的。

某种悲剧哲学的狭隘与倒错是一种什么样子,我们需要以海贝尔为例进行探讨。他的系统性解释不但不合情理,而且单调乏味、狂热偏激。结果导致创作基于思辨性的构思,从而,一方面在全然与心理相关的事物之中,另一方面在思辨性的极端化的宏大性之中,丧失了本该具备的灵魂深度。他成功地在智识上闪电般地获得了恰当的洞见与视角,但他的悲剧意识则是披着由哲学支撑起来的外衣的痛苦意识。

作为美学概念,悲剧获得了与颠倒错乱的悲剧哲学相应的某种色彩,例如将悲剧作为世界法则(邦岑)[53],以及对悲剧的生命情感的论述(乌纳穆诺)[54]等观点。

a) 悲剧世界观的最微妙的偏离是通过"人之存在"的价值与本质,和本真意义上的悲剧间的绝对化而发生的。

悲剧是与不幸、痛苦、毁灭、疾病、死亡、邪恶相区别的。悲剧与它们区别于认知的样态(原则性的,非个别的;探寻式的,非领受式的;控诉式的,非哭诉式的),区别于同真理与毁灭之间的关系的紧密,从而,悲剧的增长、扩展,与诸权力的等级之高和必要性的程度之深一同产生。一切不幸,必然或通过它所在的或通过它所涉及的关系,或者通过对于承受苦难的人们与全身心去爱的人们的意识与认知,再或通过以悲剧知识将不幸作为意义的解释,才能成为具备悲剧性的不幸。然而,单独的不幸本身却并非是悲剧性的,而是一种负担，重压在一切事物之上的负担。悲剧知识左冲右杀，但依然无力征服，它留下了太多的东西，太多未曾被触动的、被遗忘的抑或留待解释的东西。悲剧知识引诱我们进入一个被美化的辉煌的空间，它尽管具备理智冷静的诚实，却依然能够将事物隐藏起来。

悲剧成了一种身居高位者的优先权，其他人则必须心甘情愿地在厄运中被轻易地毁灭。悲剧成了一种本质特征，但并非人的本质特征，而是高贵之人的本质特征。作为特权者的态度，这种世界观变得狂妄自大与冷酷无情，它通过自我价值感的提升来使人得到安慰。

这种悲剧知识也有其界限：它没有进行任何总体性的世界解释。它没有成为普遍的苦难的明确主宰者；它也没有把握住“人之存在”的可怕之处与无法解决之处的整体。以下的事实便是明证：诸如疾病、死亡、意外、苦难、恶毒的言行等生存现实，虽然可能成为悲剧表现的手段，但它们从不被如此看待，因为它们都不是悲剧性的。悲剧世界观活在宏伟壮观之中，并通过悲剧性的实现而超越现实，而这种实现本身碰巧是功败垂成的命运。但这种直观缩限了我们的意识。因为，如果要使意识被缩限了的人获得解脱，必须将诸多神秘可怕的现实遮掩起来才行。那令人绝望的、毫无意义的、令人心碎的、令人惶恐不知所措的、令人深感无助的厄运在求救。所有这些并不伟大的苦难的现实被推到一边、置之不理，因为从盲目的崇高的立场观之，它无足轻重。人亟亟于解脱，亟亟于从可怕的现实中解脱，而这些现实又缺乏悲剧性的升华。

在习惯用语中，冷酷无情的盲目对应于某种审美的淡化，这一用语既切中了悲剧，又把悲剧搞得颠倒错乱，因为它违背事实地除去了现实，并且相当拙劣蹩脚地、简单化地从对现实存在着的世界的厄运的洞察中解放出来：在悲剧中，表现出了生命本身的无价值性、个别的有限“现实存在”的无价值性；——伟大者的毁灭正是伟大者的品性；——世界注定出现对超凡绝俗之人的伤害和毁灭。诸多含混、空泛的表达，虽然具有不确定性，但听起来依然如此生动逼真，它通过虚假的外表掩盖事实上的虚弱来说谎，使人误入歧途。

b）在所有的悲剧世界观中，悲剧知识的两极性消失了。在本源直观中，悲剧与从悲剧中的解放相伴而生。如果悲剧被剥夺了它的对极，孤立游离为唯悲剧，那么，将会出现一个无底深渊，没有任何一部伟大的悲剧作品建基于这个深渊之上。

唯悲剧适合于用在对虚无的掩盖之上，这也正是信仰的缺失想要赋予的形态。虚无主义者的傲慢，会随着英雄的自我意识的慷慨悲壮所体现出的悲剧的宏大性而越发突出。严肃庄重在哪里消失，悲剧的强烈的兴奋剂就会在哪里为体验带来虚假的严肃庄重。人们常常引证日耳曼精神、萨迦以及古希腊的悲剧。然而，在悲剧中人们都信仰什么，以及当时的现实是什么，则变成了不被信仰的虚无的代替物。它们像惯用语一般被使用，或是为了以英雄主义的方式解释那自己非英雄的正在消失的“现实存在”，甚或是为了通过英雄主义情感来给舒适的生活提供安全保障，而这种情感认同某种虚假的价值。

在悲剧世界观的颠倒错乱之中，不明确的神秘的冲动可能会保持活跃：对无意义的事物的快感、对折磨与被折磨的快感、对破坏的快感、对世界和众人的暴怒,还包括对自我的被鄙视的“现实存在”的暴怒。

2. 悲剧知识的本质

不要试图以思辨演绎将悲剧知识体系化,亦不要试图将悲剧知识绝对化为一种没有两极性的悲剧世界观,我们对悲剧知识的解释,应该保持它作为本源直观的状态。

本源的悲剧直观是通过形态而进行的发问与思考;此外,在这种悲剧知识中,永远存在着悲剧的克服,但这克服不是通过教义和启示,而是在对秩序、正义与人类之爱[55]的洞察之中,在信赖之中,在开放性之中,在没有答案的问题之中实现的。

悲剧知识在诸多矛盾中增长,却没有解决这些矛盾,然而也并没有将矛盾的不可解决性固定下来。不圆满存在于悲剧知识中,圆满则仅存在于直观之中,存在于问题的运动之中。

我们应当保持本源的悲剧直观。我们还要保持本真的历史性,悲剧直观就在这历史性中产生与实现。我们一定不要试图去说明,过去发生了什么,将来会发生什么,以及总是发生什么,而应当去倾听那想要对我们发出的诉说。做哲学的任务并非是在与有限的世界知识的类比中将悲剧范畴应用到关于存在的总体知识之上,而是从暗号的倾听中找到某种语言。因此,具备悲剧直观的神话、比喻以及故事,既能包含真理,还能不放弃它们飘忽不定的性格。

在本源的悲剧直观之中,只要这一直观保持纯粹,那么其中就已经存在着本真的哲学了:运动、问题、坦诚直率的开放性,——感动、惊奇,——诚实、无错觉状态。

哲学所涉及的悲剧知识，是作为本源直观的取之不尽用之不竭的性质而存在的悲剧知识。哲学能够感知到它自身的实质内容与悲剧直观的同一性——例如在莎士比亚的作品中——却不能以同一的形式表达这一内容。但它排斥在悲剧世界观中的理性的固化。

我们对于统摄者的多种样态的构想、对于分裂的多样性的构想以及对于统一的理念的构想都是解释悲剧知识的空间。悲剧源于现象中的非统一性及其结果。然而，这并非现象的演绎，不过是对现象的澄清罢了。现象在当时的毁灭根源于统一进程的不和谐。因为，在时间的现实存在中，失败的统一进程会以悲剧的形态出现。

但这意味着，悲剧不是绝对的，而是表面的。悲剧不在超越者之内，不在存在的基础之上，而在时间的现象之中。

# 正文注释

［1］（正文第1页）译注：做哲学（philosophieren）：雅斯贝尔斯的用法出自康德。康德因为“philosophie”这一名词形态无法表达出哲学应该包含的活力（dynamik），所以特意使用了一般不被使用的“philosophieren”这一动词形态，试图赋予哲学独有的意涵。我们能够从《纯粹理性批判》的《先验方法论》第3章《纯粹理性的建筑术》中看到这种表述（《纯粹理性批判》［第二版］，1787年，第865页）。在此，康德将“在没有经验帮助的前提下自身能够达成自我扩展的数学”（同上书，第740页），以及哲学领域中“像很多学徒和所有无法跨越学派框架的人们那样，仅仅拥有记录性的（historisch），即来自被给予事物的认识（cognitio ex datis）的情况”，从“理性的（rational），也就是来自原理的认识（cognitio ex principiis）的情况”中区别开来，指出“人在所有理性学问中只能学习数学，而无法学习哲学（除非其是记录性的）。理性方面，最多也只能学习‘做哲学’。……如果将用于评判多样且多变的主观性哲学的所有哲学性尝试的原型称为哲学的话，这样的哲学不过只是单纯的可能性理念。但我们为了在感性所制造的繁杂之中找到唯一的小径，为了让迄今为止失败的模型在被人类允许的范围与原型契合，而探寻各种各样的途径。在达成这一目标之前，人是无法学习哲学的。……只能够学习‘做哲学’。也就是说，仅能将自己这份遵奉普遍性原理的理性才能，通过现有的某些尝试进行打磨，但总是保留着理性对那些原理本身在其来源上进行探讨、验证或驳斥的权利”（同上书，第866页）。雅斯贝尔斯认为，“做哲学”有三种形式（过程）：一种是我们每天内在行为之中的实际（praktisch）研究（也就是“哲学”在古希腊时期的原意，即“爱智

慧”；康德在《实践理性批判》中提到的是“Liebe zur Weisheit”或“Liebe zur Wissenschaft”）；其次是借助于各种科学、范畴、方法和体系，在内涵中去体验的实质（sachlich）研究（海德格尔特别重视此点）；其三是通过使哲学的传统化为己有的历史（historisch）研究（也就是习得的过程，属于教育概念）。（Cf. Karl Jaspers, Was ist Philosophie? München: Piper Verlag, 1976, S. 111.）

［2］（正文第3页）译注："Dasein"的含义在雅斯贝尔斯和海德格尔之间是有差异的，前者指我们的存在之中最能反映现实空间的形式（Jaspers, Karl: *Von der Wahrheit*. 3. Aufl. Neuausgabe. München: R. Piper & Co. Verlag 1983, S. 53.），而后者则强调我们自身，意味着探寻存在意义的自己的存在（Heidegger, Martin: *Sein und Zeit*, 11. unveränderte Auflage. Tübingen: Max Niemeyer Verlag 1967, S. 7.）。

［3］（正文第5页）译注：悲剧知识（tragische Wissen）：亚里士多德在《诗学》中对“悲剧知识”的狭隘定义为：“发现（anagnorisis），如字义所表示，指从不知到知的转变，使那些处于顺境或逆境的人物发现他们和对方有亲属关系或仇敌关系”（译文出自《罗念生全集》第一卷[上海：上海人民出版社，2007年]，第50页），而亚里士多德之后的悲剧批评将关注点从作为悲剧场景中一部分的认知作用转向主角的体验，据此认知标志着主角的内在意识或内在知识，而不只是主角的亲属关系，因而认知包含了对亲属关系的真相的了解、对自己真正是谁的了解以及最后对“人之存在”的真理的了解。悲剧知识不是实证科学的支配的知识，而是哲学性的陶冶的知识和宗教性的救济的知识。

［4］（正文第6页）译注：陶冶的世界（Bildungswelt）：威廉·冯·洪堡认为对陶冶而言比较重要的世界包括一起生活的人（家族、友人）的世界、艺术的世界、古希腊的世界等（参见 Menze, Clemens: *Wilhelm von Humboldts Lehre und Bild vom Menschen*. Ratingen bei Düsseldorf: A. Henn Verlag 1965, S. 148-154, S. 154-170, S. 170-175.）。为了说明以这些世界为媒介作为个体的人的陶冶的过程，洪堡使用了“我=自我（Ich）”和“世界（Welt）”

或者“人”和“非人(NichtMensch)”等相对应的概念。“Bildung”是雅斯贝尔斯哲学思想中的常用术语,有“教养”、“陶冶”、“人之形成”等含义。伽德默尔在《真理与方法》中指出:“当时风靡一时的“Bildung”概念是 18 世纪最伟大的思想(Gadamer, Hans-Georg: *Hermeneutik I. Wahrheit und Methode: Grundzüge einer philosophischen Hermeneutik*. Gesammelte Werke. Bd. 1, 6. durchgesehene Auflage. Tübingen: Mohr Siebeck 1990, S. 15.)。”下面简述“Bildung”概念的确立和发展(译自三輪貴美枝:「Bildung 概念の成立と展開について——教育概念としての実体化の過程」,『教育学研究』1994 年第 61 卷第 4 期,第 12 - 13 頁)。(1) “Bildung”概念前史:作为近代教育学中比较明确的教育概念,普遍使用“Bildung”这个概念可以追溯到启蒙主义的哲学、人类学、美学以及教育学的领域,它并不是 18 世纪中期突然出现的,关于“Bildung”概念史的主要先行研究都曾经指出,16 世纪以来,例如以雅各・波墨为代表的神秘主义在对“神的相似外貌”(imago Dei)(作为人的自己完成)使用此概念时被认为是一个起点。但同时以神秘主义的“Bildung”概念为起点从 16 到 18 世纪的发展过程却也不是直线的、单一的,一般认为仅仅将之作为世俗化的问题还有无法把握的内容。(下面使用的雅各布・格林《德语词典》(*Deutsches Wörterbuch*),对于在先行研究中共同使用的概念事实,既是批判的对象,有时候也是引用的来源。)在神秘主义中作为“神的相似外貌”的人类观中,人是被神创造的,“Bildung”意味着人形成了“神的相似外貌”的完全性。在这种作为“神的相似外貌”的人之形成的议论中,把已经形成的方向规定为神性的内面化,人之形成论其实是一种“被动的灵魂的形成”。此外,根据格林的《德语词典》等资料介绍,这种“Bildung”概念的渊源可以追溯到古德语,即中世高地德语的“bildunga”、“bildunge”,在这些用法中,有“形象”、“模写”、“相似外貌”等含义,有点相当于拉丁语中指代这些的“imago”。此外,在这样的概念关系中,对后世具有特别重要意义的概念使用的例证,在“形态”(Gestalt,form)和“形成”(Gestalting,formatio)的意思上即是如此。不过,能体现后者意思的“Bildung”又从两个方面得到普及，即动词的“bilden”和“sichbilden”，神秘主义中的“Bildung”属于前者的用法，即具有“bilden”的意思。与此相对，后者具有自动词的含义，将人定位为神的创造，通过其主体活动，将自己形成为具有神的相似形象的意思。在以虔敬主义为代表的概念使用的例证中，神性存在于人的内部，而“Bildung”则意味着推动天赋神性朝着既定的方向完成。受神秘主义强烈影响的夸美纽斯认为，“世界上所有的素材以及在各个阶段的形式(forma)被集中在人的内部，构成了神的智慧之功业”，而“形塑人(hominem formandum)这项工作需要彰显出这些素材”。在虔敬主义中，精神意义上的人之形成，其方向性被定义为神性显现的可能性。例如，在虔敬主义的教育家弗兰克主张的“伶俐”(Klugheit)中可以看到世俗性的善的形成，这在信仰或者虔敬思想中必不可少。在弗兰克看来，人因对神的信仰而得到赦免，从而被赋予了朝着“完全性”渐进地发展、成长的可能性，逐渐铺就了启蒙主义中具有完成可能性的世俗化思想之路。但在虔敬主义中，人之形成基本上还是神的功业，这一点一直以来都没有改变。近代的“Bildung”概念，可以说是发展神性的世俗化，通过虔敬主义来生成与之相对应的人类的内在形成功能。这种“Bildung”的内在、精神范围的使用，作为“神的相似外貌”在神秘主义中已经被发现，原本包含外部形态和造型意义的“Bildung”，随着启蒙主义的到来，逐渐作为功能概念被转用到了知识的领域。因此，18世纪后半期的“Bildung”，对于人的外观，会有例如“拥有 praechtige bildung(华丽的容貌)”(格林)这种用法，还作为表现内在性的知性或态度的概念使用。在启蒙主义的教育家坎佩编写的《德语词典》(*Wörterbuch der deutschen Sprache*)关于“Bildung”的条目中，认为“Bildung”是“bilden 的行为”(Handlung)或“人的形态”(Gestalt)，同时还解释“人的精神和心灵处于被 bilden 的状态，掌握了灵巧和道德的状态”，这是其中的典型。在坎佩的思想中可以看到“Bildung”概念比较典型的发展，与之相同，用未从原有的“养育”(Wartung)概念中分化出来的“Erziehung”替代“Bildung”这个教育学上的首位概念同样具有启蒙主义倾向的特征。在形成启蒙主义主流的泛爱派教育理论家当中，认为“Erziehung”具有特定目的或价值取向的形成作用，而“Bildung”则是由于其功能或者内容而获得其在教育学上的地位。在这里，从功能上看“Bildung”是“启蒙”（Auflklarung）的同义语“教育”（Erziehung）概念的下位概念。这种过渡性的概念状况，在启蒙主义教育家，例如雷泽维茨的“Bildung”概念理解中，“Bildung”和“Erziehung”表示相同概念，混淆了二者。但雷泽维茨自己对“Bildung”概念的把握逐渐有了一些头绪，在“Erziehung”把“national”作为形容词的呼应中，更加鲜明了。（2）作为教育概念的“Bildung”：就这样，启蒙主义思想从功能性上把“Bildung”定义为“Erziehung”的下位概念，这种情况同时也引发了有关教育概念多样化的问题。一直以来，“Bildung”并不是作为与身体、精神等人之形成相关的功能性概念使用的，而是作为统合性的概念使用，例如16世纪以来一直被广泛使用的“auferziehung”或“Auferziehung”，并且发挥了汇总“Unterricht”以及“Unterweisung”等教育用语的作用。但启蒙主义中的“Bildung”概念，随着教育功能的分节化，虽然使神意潜伏在其中，但最终也失去了其作为整体的功能。由此出现了教育概念多样化的情况。例如，在著名的康德的《教育学讲义》（*Immanuel Kant über Pädagogik*）的序论中，“Bildung”被定位为“Erziehung”的下位概念，这一点是毋庸置疑的。“Unterricht”、“Unterweisung”曾经属于民众教育的学术用语，而成为启蒙主义教育首要概念的“Erziehung”，把相关概念都吸纳到概念关系群中。例如，坎佩担任主编的、具有启蒙主义教育普及宣传作用的《教育制度总审查》（*Allgemeine Revision des gesamten Schul- und Erziehungswesens*, 1784）中关于教育制度的原语是 Schul-und Erziehungswesen。因此，不是“Bildung”，而是具有和“Unterricht”同一概念内容的“Schule”或“Erziehung”，与“Wesen”结合使用才具有启蒙主义教育思想的特征，支持这种关联概念及其使用状况的是“作为教育者的国家”（狄尔泰）。但在“腓特烈大帝的国家”（狄尔泰）概念中，由于国家概念本身还没有确定下来，像这样由于国家所拥有的空间的不确定性，超越了简单的个别的家庭和学校，扩大了启蒙的对象领域，形成了启蒙的主要团体(Staat)的教育空间(padagogisches Feld)，与此相适应，把“Schule”或“Erziehung”作为“Wesen”来定义(把制度作为本质)。此外，人为设定的概念“Erziehung”与反映神意的原有的“Bildung”不同，其本身实际上是有多种发展形式的。本来拥有个别的价值形成功能的“Erziehung”，成为启蒙主义教育的首要概念，由于人为的影响因素，不可避免地催生其实际价值的多样性，这就需要整合这些多样性的原理。雷泽维茨、罗霍等主张的“Nationalerziehung”(国民教育)，虽然侧重点有所不同，但也正是反映了这种需求。

[5](正文第7页)译注：随着启蒙运动的发展以及市民阶层及其观念的出现，德国在18世纪发展出一种极为流行的新的戏剧形式——市民悲剧。这种戏剧的一般特征是：倾向于宣扬剧中主人公所属的市民阶层的价值观——善良、仁慈、有个性、有真情，他们的理想是做一个奉公守法的市民，不关心国家大事，只关注自己的私生活和家庭生活。通常认为，莱辛创作于1755年的《萨拉·萨姆普松小姐》(*Miss Sara Sampson*)是最早的市民悲剧，但也有学者考证出同年由克里斯蒂安·莱贝雷希特·马丁尼创作的《吕恩佐尔特与扎菲拉》(*Rhynsolt und Sapphira*)比莱辛稍早几个月。莱辛的另外一部作品《埃米莉亚·加洛蒂》(*Emilia Galotti*, 1771)也是市民悲剧的范例，他还在《汉堡剧评》(*Hamburgische Dramaturgie*)中为自己无视传统的戏剧法则作了辩解。市民悲剧的其他重要例子还有雅克布·米夏埃尔·赖因霍尔德·伦茨的《军人们》(*Die Soldaten*, 1776)、席勒的《阴谋与爱情》(*Kabale und Liebe*, 1784)。

[6](正文第11页)译注：源于古希腊文名词“μοιρα”，有“部分、命运、死亡”等多重意义。

[7](正文第13页)译注：灵魂的净化(Katharsis der Seele)中的“Katharsis”的古希腊文原文作“κάθαρσις”，现代汉语释词有：清洁、清洗、净化、补偿、赎罪等。在《诗学》的古希腊文文本中出现过两次，所处的上下文分

别是 1449b24 - 28 与 1455b12 - 16。

[8](正文第 20 页)译注:*Kausikas Zorn.* (Tschandakauçika.): Ein indisches Drama von Kschemisvara. Zum ersten Male und metrisch übersetzt von Ludwig Fritze, Leipzig: Druck und Verlag von Philipp Reclam jun., 1882, S 64.

[9](正文第 21 页)译注:勃鲁盖尔号称"博斯第二",文中提到的画作为勃鲁盖尔创作于 1562 年的《死亡的胜利》(*The Triumph of Death*)以及博斯创作于 1503 至 1504 年间的《人间乐园》(*The Garden of Earthly Delights*)。

[10](正文第 27 页)译注:雅斯贝尔斯意指的阿那克西曼德的话:"有生有死,有恶有报,不是不报,时候未到。"参阅 Hermann Diels, *Die Fragmente der Vorsokratiker: Griechisch und deutsch*, Berlin: Weidmannsche Buchhandlung, Zweite Auflage, Erster Band, 1906, S. 13。

[11](正文第 27 页)译注:例外(Ausnahme):见《论真理》(*Von der Wahrheit*. München: R. Piper & Co. Verlag, 1947)),第 748 - 766 页(小节标题为"例外")。

[12](正文第 29 页)译注:当为《理想国》(491e),古希腊文原文参阅 Paul Shorey, *The Republic* (Cambridge: Harvard University Press, 1942), p. 32。

[13](正文第 30 页)译注:当为《理想国》(495a - b),古希腊文原文参阅 Paul Shorey, *ibid*, p.46。

[14](正文第 30 页)译注:真理存在(Wahrsein):见《论真理》(*Von der Wahrheit*. München: R. Piper & Co. Verlag, 1947)第 454 - 457 页(小节标题为"我们为什么要追问真理存在的意义"),第 457 - 462 页(小节标题为"规定真理存在的意义的诸种尝试")。

[15](正文第 31 页)译注:当为《俄狄浦斯在科洛诺斯》(963 - 964),参

阅 *Sophocles tragoediae graece et latine: Ex recensione Guilielmi Dindorfii*, Vol II, Lipsiae: Sumptibus et Typis B. G. Teubneri, 1850, S. 200。

[16] (正文第 31 页)译注：当为《俄狄浦斯在科洛诺斯》(966 - 968)，前揭书第 200 页。

[17] (正文第 31 页)译注：当为《俄狄浦斯王》(316 - 317)，参阅：*Sophocles tragoediae graece et latine: Ex recensione Guilielmi Dindorfii*, Vol I, Lipsiae: Sumptibus et Typis B. G. Teubneri, 1850, S. 122。

[18] (正文第 31 页)译注：当为《俄狄浦斯王》(328 - 329)，前揭书第 122 页。

[19] (正文第 31 页)译注：当为《俄狄浦斯王》(398)，前揭书第 124 页。

[20] (正文第 32 页)译注：当为《俄狄浦斯王》(412 - 414)，前揭书第 125 页。

[21] (正文第 32 页)译注：当为《俄狄浦斯王》(827 - 828)，前揭书第 138 页。

[22] (正文第 32 页)译注：当为《俄狄浦斯王》(831 - 833)，前揭书第 139 页。

[23] (正文第 33 页)译注：当为《俄狄浦斯王》(977 - 983 及 1060 - 1061)，前揭书第 143，146 页。

[24] (正文第 33 页)译注：当为《俄狄浦斯王》(1065)，前揭书第 146 页。

[25] (正文第 33 页)译注：当为《俄狄浦斯王》(1271 - 1272)，前揭书第 153 页。

[26] (正文第 33 页)译注：当为《俄狄浦斯王》(1186 - 1195)，前揭书第 150 页。

[27] (正文第 34 页)译注：当为《俄狄浦斯王》(1347)，前揭书第 156 页。

[28] (正文第 34 页)原注：本节主要参考了卡尔・韦尔德著《关于莎士比亚的哈姆雷特的讲义》(*Vorlesungen über Shakespeares Hamlet*)，该讲义第一次

发表于柏林大学 1859 - 1860 年冬季学期，第二次发表于 1871 - 1872 年冬季学期，1875 年由柏林的威廉·赫兹出版社(Wilhelm Hertz Verlag)刊印，1893 年再版。

[29]（正文第 35 页）译注：《哈姆雷特》中译文皆取自《莎士比亚全集》（第五卷）（朱生豪等译，北京：人民文学出版社，1994 年）。

[30]（正文第 35 页）译注：参阅雅斯贝尔斯著《尼采》(*Nietzsche: Einführung in das Verständnis seines Philosophierens*. Berlin and Leipzig: De Gruyter 1936)，第 233 页。——小仓志祥译本注

[31]（正文第 41 页）译注：丹麦实行的是选举君主制，虽然通常情况下，国王的长子是第一顺位继承人。老国王去世后，哈姆雷特因为行为乖张，贵族们故而推举老国王的弟弟克劳狄斯为新国王，克劳狄斯又指定哈姆雷特为王位继承人。哈姆雷特临死之前，丹麦已无顺位继承人，将陷入内乱之中，急需另立国王。哈姆雷特推举福丁布拉斯是认为他行事果断有魄力，且有军功（打败了波兰），他的军队此时也正在丹麦国内，能够担得起重振乾坤的重任，建立新秩序。相比霍拉旭等其他人，他占有巨大优势。

[32]（正文第 44 页）译注：参阅雅斯贝尔斯著《面对启示的哲学信仰》，第五章，第二节，第 8 小节，第 428 页；雅斯贝尔斯著《哲学》(*Philosophie*)，第 486 页；及其《尼古拉·库萨》(*Nicolaus Cusanus*. Munich: Piper, 1964)，第 103 页。——小仓志祥译本注

[33]（正文第 46 页）译注：参阅雅斯贝尔斯著《尼采》，第 198、440 页。——小仓志祥译本注

[34]（正文第 46 页）译注：荷尔德林在 1797 至 1800 年间撰写了两幕悲剧《恩培多克勒之死》(*Der Tod des Empedokles*)，取材于第欧根尼·拉尔修《名哲言行录》中恩培多克勒的事迹。一共写了三稿，其中第一稿最为完整。第三稿于 1826 年刊印。在其去世后三年于 1846 年三个稿本才合订出版。第一稿、第二稿将恩培多克勒之死的根由归为他的傲慢，一种内在于自身的罪

过。在第三稿中,恩培多克勒之死意味着,为了那些无视自然的民众而牺牲自己投身于埃特纳火山口,通过在火中与自然合二为一从而达到诸神与人的和谐,以及消弭世间的纷争。荷尔德林数易其稿,其目的在于排除悲剧主人公生命历程中的一切偶然性,与根植于必然性的悲剧形式作斗争。在写完第二稿后,又写了论文《恩培多克勒的根基》(Grund zum Empedokles),明确了自己独特的悲剧理念。

[35]（正文第 46 页)译注：参阅雅斯贝尔斯著《谢林：伟人和厄运》(*Schelling, Grösse und Verhängnis*. München: Piper, 1955),第 56,276 页;雅斯贝尔斯著《真理与生命》(*Wahrheit und Leben*. Stuttgart, Zürich und Salzburg: Europäischer Buchklub 1965),第 501 页。——小仓志祥译本注

[36]（正文第 50 页)译注：古希腊文作“Κασσάνδρα”,希腊神话中,特洛伊的公主,赫克托耳的妹妹。她能准确地预言,却不被人相信。

[37]（正文第 51 页)译注：Ethos 源自古希腊文“ἦθos”、“ουs”、“τό”,大致有三方面的意义：其一、惯常的居住地、住所;其二、习俗、传统、道德规范;其三、性格、性情、气质、思维方式。(参阅 W. Gemoll und K. Vretska, *GEMOLL Griechisch-deutsches Schul- und Handwörterbuch*, München: Oldenbourg, 10. Auflage 2006。)

[38]（正文第 53 页)译注：参阅雅斯贝尔斯著《尼采》(*Nietzsche: Einführung in das Verständnis seines Philosophierens*. Berlin and Leipzig: De Gruyter, 1936),第 342 - 346, 370 - 374 页;雅斯贝尔斯著《求知与争鸣》(*Aneignung und Polemik*, herausgegeben von Hans Saner. München, Piper, 1968),第 378,402 - 408 页。——小仓志祥译本注

[39]（正文第 54 页)译注：古希腊原文作“Ἄρειος Πάγος”,在埃斯库罗斯的《欧墨尼得斯》(《报仇神》)中,阿雷奥帕古斯是审判奥瑞斯特斯的地方。

[40]（正文第 55 页)译注：神的插手干预(deux ex machina)概念出自亚里士多德《诗学》(1454b1 - 2),古希腊文原文作“ἀπὸ μηχανῆs”,有些注疏本以

拉丁文解释作“ex machina”（以别具匠心之构思）；还有些注疏本以拉丁文解释作“*per deum* ex machina”（通过神祇启示或神明的帮助，解开戏剧冲突的艺术构思）。

[41]（正文第55页）译注：堤喀（古希腊语“Τύχη”），希腊神话中的机缘/幸运女神（原为丰饶女神，掌管女性生育等，但后来被当成幸运的象征来祭拜）。相当于罗马神话中的福尔图娜。

[42]（正文第56页）译注：参阅雅斯贝尔斯著《面对启示的哲学信仰》（*Der philosophische Glaube angesichts der Offenbarung*, Munich: Piper, 1962)，第329页。——小仓志祥译本注

[43]（正文第56页）译注：参阅雅斯贝尔斯著《论真理》（*Von der Wahrheit*. München, Piper, 1947)，第853页。——小仓志祥译本注

[44]（正文第56页）：戏剧诗（dramatische Gedicht）：《普林斯顿诗歌与诗学百科全书》（第四版）（*The Princeton Encyclopedia of Poetry and Poetics*）第376页对“dramatic poetry”的解释：1）舞台场景中使用的抒情诗或短诗；2）能用形容词“富有诗意的”来评价的剧作；3）戏剧中的对话具有精心设计的韵律，这种韵律通常具有规则的音步，但诗行的展开部分在剧本中是分开的（无韵脚），即无韵律诗体。著名的《文学术语词典》（吴松江译，北京：北京大学出版社，2009年）第649页指出：“在17世纪末之前，几乎所有的悲剧都是用诗体形式创作的，都以出身高贵的人物作为剧中的主人公，他们的命运影响了整个国家的命运。”《智者纳旦》采用的就是无韵律诗体。

[45]（正文第57页）译注：《戈特霍尔德·埃弗拉伊姆·莱辛全集》（*Gotthold Ephraim Lessings Sämtliche Schriften*, Herausgegeben von. Karl Lachmann und Franz Muncker. Stuttgart/Berlin und Leipzig: G. J. Goschen' sche Verlagsbuchhandlung, 1886 - 1924)第三版，23卷。第337页上的标题为“纳旦的预示”（Ankündigung des Nathan）。

[46]（正文第57页）译注：剧中苏丹萨拉丁的弟弟。

[47]（正文第 59 页）译注：出处不明。参阅雅斯贝尔斯著《求知与争鸣》，第 121－158 页。——小仓志祥译本注

[48]（正文第 59 页）：爱的斗争（Liebender Kampf）：真正的实存的交往追求的是"与他者一同走进自己自身（sich selbst）"（Jaspers, Karl: *Philosophie II, Existenzerhellung*. Berlin: Springer Verlag 1956, S. 65, 120.）。这个过程就是斗争。不知何故在斗争中二者把对方视为"可以坦诚展现自己并提出疑问"的对象。但不久就会发生"无比的连带性"，"这种连带性接纳冒险，并视之为共同目标，对于结果也是共同相关的"，因此可以说是在爱的同时发生的斗争。雅斯贝尔斯认为这个过程也是"为了真理的斗争"。这里所说的真理并非是普遍有效的真理，而是"实存的真理"（S. 67, 121.），也就是"我为之而存在的真理"（S. 114, 171.）。现实存在的交往和实存的交往最大的不同在于实存的交往中是以"真理"为目标的。

[49]（正文第 59 页）：神秘剧（Mysterienspiel）：中世纪欧洲宗教剧的一种，也被称为圣史剧。以基督受难故事为题材，在内容和形式上与受难剧（Passion Play）有很多相似的地方，特别是多出现在德语圈的受难剧均属此类范畴。原先推测可能是由于语源上的误读所以翻译为神秘剧，现已经证明是来源于拉丁语中的"圣务"（ministerium，与圣事有关的工作，类似于军务、医务、法务），由此这种译法就固定了下来。故事情节的展开和上演形式各个地方有所不同，一般是由各种同业公会（Guild）的演员在市镇广场上的并列舞台（Mansion）连续上演几天。特别是法国喜欢大规模的演出，其中还有连续公演 40 天的。圣史剧以 14—15 世纪为高峰流行于欧洲各地，到了 16 世纪，由于同业公会的衰退以及教会内部的对立，神秘剧逐渐销声匿迹，但其中的一些元素被文艺复兴时期的戏剧所继承。

[50]（正文第 65 页）译注：当为《俄狄浦斯在科洛诺斯》（*Oedipus at Colonus*）（521－523），参阅 Francis Storr, *Sophocles*: with an english translation by F. Storr in two volume I, Harvard University Press, 1962,

p. 196。

［51］（正文第 65 页）译注：当为《俄狄浦斯在科洛诺斯》(548)，参阅 Francis Storr, *Sophocles*: with an english translation by F. Storr in two volume I, Harvard University Press, 1962, p. 200。

［52］（正文第 65 页）译注：当为《俄狄浦斯在科洛诺斯》(976)，参阅 Francis Storr, *Sophocles*: with an english translation by F. Storr in two volume I, Harvard University Press, 1962, p. 240。

［53］（正文第 70 页）译注：出自邦岑论悲剧的小书《悲剧作为世界法则与幽默作为形而上学的审美形态》(*Das Tragische als Weltgesetz und der Humor als ästhetische Gestalt des Metaphysischen.* Berlin: Van Bremen-Verlag 1877, 176 Seiten)。

［54］（正文第 70 页）译注：出自乌纳穆诺的德译本《悲剧的生命情感》(*Das tragische Lebensgefühl*, deutsche Übertragung aus dem Spanischen von Robert Friese. München: Meyer & Jessen Verlag 1925, XIII, 413 S.)

［55］（正文第 73 页）译注：人类之爱(Menschenliebe)：只要是人就要爱，引自邓晓芒《康德"德行论导论"句读(二)》，《清华西方哲学研究》第一卷第二期(2015 年冬季)，第 211 页。含有"博爱"、"仁爱"的意思。

# 解 说

李雪涛

## 一、“哲学的逻辑”与“悲剧”

德国哲学家卡尔·雅斯贝尔斯的《论悲剧》(*Über das Tragische*)节选自1947年出版的《论真理》(*Von der Wahrheit*)的第三部“真理”的第三篇第三节“本源直观真理的完成(以悲剧知识为例)”,包括a,b,c,d四个部分,从915至960页,共计45页。[1]对于一千多页的巨著《论真理》来讲,区区45页的《论悲剧》只是其中很少的一部分。1952年,皮波尔出版社出版了单行本的《论悲剧》。[2]

《论真理》是作为“哲学的逻辑”(Philosophiesche Logik)的第一卷出版的。雅斯贝尔斯希望通过此书进一步深入他在1931年出版的三卷本《哲学》中所表达的中心思想:[3]做哲学(Philosophieren)乃是“超越”(Transzendieren,“超越/超验”的动名词形式)。在《论真理》一书中,他从历史的角度对这个问题进行了系统的梳理和扩展。除了“实存”(Existenz)这一观念之外,他还特别强调了自1930年代以来他一直很重视的概念“理性”(Vernunft)。在《论真理》中,雅斯贝尔斯认为,理性就仿佛是一条将存在(Sein)的不同方式集中在一起的“纽带”。存在是一个整体，是在直觉的认识形式中，例如在神秘的经验中，直接被领悟的。但前提是其必须在理性的思考中得到剖析，而后才能被认识。雅斯贝尔斯将之称为“统摄”（das Umgreifende）。这部书的基本结构如下：

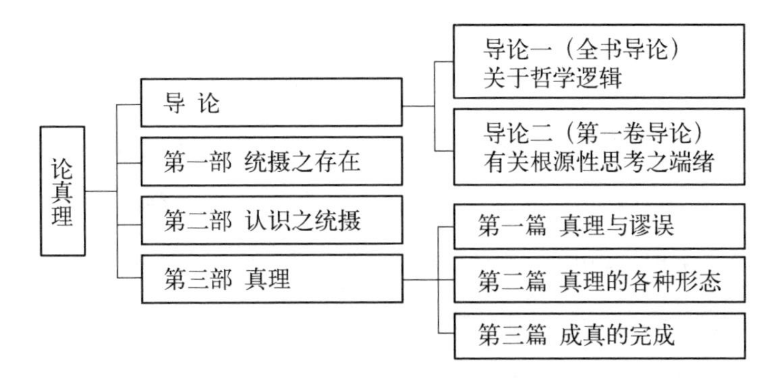


而有关悲剧的内容，又包含在第三部第三篇之中（下图中的标题）：

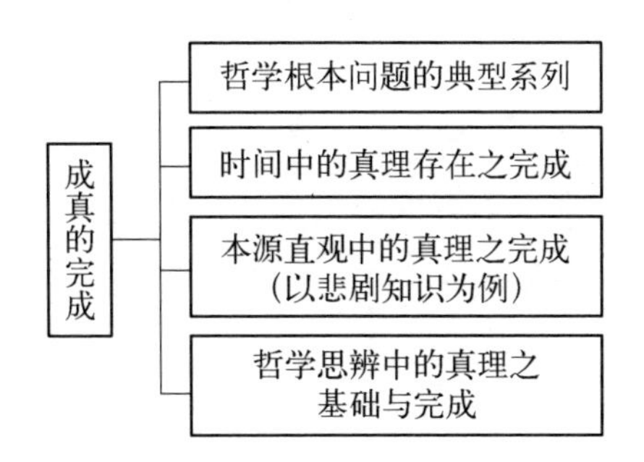


章节标题中的“真理存在”（Wahrsein）实际上是“真理”（Wahrheit）的另一种说法而已。

作为“哲学逻辑”的一个组成部分，雅斯贝尔斯的逻辑并非像亚里士多德以来古典逻辑学所认为的那样，限制在仅仅从形式上探讨正确思维的学说；或者像康德在其《纯粹理性批判》中所提出的先验逻辑那样，探究认识可能性的条件；或者像黑格尔辩证法逻辑那样，探讨为了精神达到自我意识而展开的思维与存在的同一结构。雅斯贝尔斯在其逻辑学说中想追问的是，真理显现之地如何才可能对在任何真理意义之中的真理——在逻辑的、实存的以及形而上学的意义上——保持开放。雅斯贝尔斯的逻辑，并非仅仅是悟性的逻辑(eine Logik des Verstandes)，而是实际生存的人的一种整体逻辑(All-Logik)。[4]雅斯贝尔斯有时也将这一逻辑称为"大全学说"(Periechontologie)。他认为，人对真理的真正认识，发生并被"统摄"在"存在"的开阔视域以及各种方式之中。而在其中，雅斯贝尔斯认为，宗教、艺术和文学可以作为本源直观(die ursprünglichen Anschauungen)的方式。雅斯贝尔斯认为，作为文学中戏剧的主要体裁之一的悲剧，是可以通过他的"逻辑"学说，而达到真理的一个很好的例子。

所谓本源直观的方式，雅斯贝尔斯在"解脱的概念"中解释道："苦难本身及从苦难中的解放将会作为一种形而上的过程从事物的根本之中，被亲身体验。"[5]正是这一种形而上的过程，使得悲剧指向超越性的知识。

## 二、"临界境况"、超越与悲剧气氛

仅仅从美学、文艺学的角度，我们很难理解雅斯贝尔斯所谓的悲剧的超越。想了解"超越"，我们首先要认识雅斯贝尔斯的"临界境况"的概念。

实存哲学认为，作为“现实存在”（Dasein）的人是被抛掷到这个世界的，这意味着人来到这个世界是已经被投入某种有限的境况（Situationen）之中，从而无法逃避对灾难和不幸的威胁。雅斯贝尔斯认为，这些境况是心理的、同时也是生理的，是与意义相关的具体现实，每个人都以自己的方式短暂地居于这样的现实之中。这些现实存在的境况会由于外在条件、人的行为、人的理解以及人的经历的变化而发生改变。因此，所谓的境况是偶然的、可变的，并且作为被限定的现实是可以被人认识到的。他认为，与这些偶然的个别境况不同的是“最终境况”（letzte Situationen），它们与本真的“人之存在”（Menschsein als solches）联系在了一起，与最终的现实存在不可避免地被给予。此类的境况，既不可行，又不可改变，既不可予以信赖，亦不可征服。假如这些就是包括所有个别境况的“人之存在”的境况，雅斯贝尔斯称之为“基本境况”（Grundsituationen）。只要其中有单个人体验到这些，雅斯贝尔斯就称之为“临界境况”（Grenzsituationen）。[6]“它们（指临界境况——引者注）就像是我们撞到的一面墙，我们在此遭受失败。临界境况并没有因为我们而有所改变，只能使它们更清晰，我们不能从他者来解释他们，推导出它们。它们与此在在一起。”[7]雅斯贝尔斯所创造的这一术语成为了他建构自己哲学大厦的基础，在此之前从来没有哪位哲学家如此清晰地对此做过阐述。

对雅斯贝尔斯来讲，至关重要的是人如何对待这些最终境况。人可以将最终境况掩盖起来，在一种非真实的生命中度日。他当然也可以亲历、体验这些境况，在其中实现通往生存的突破。只有经验到了基本境况，基本境况才能转化为临界境况。在这里，“临界”(Grenze)不再是对现实存在的限制,而是现实存在清晰地指向超验的场所。“临界表达的是:存在另外的东西……。”[8]在经验了一个和另一个的过程中,现实存在转化成为了生存。体验临界境况与生存就是一回事。因此,临界境况同时也是哲学更深入的起源。[9]

“临界境况”所涉及的是死亡(Tod)、痛苦(Leiden)、斗争(Kampf)、罪责(Schuld)等人无法逃脱的境况。[10]“临界境况”从深层反映了雅斯贝尔斯实存哲学中的悲剧精神。世间的人,无论贫富,都无法摆脱“临界状况”。这些失败(Scheitern)的经验,给人带来敬畏之心。尽管“临界境况”存在于世间,只要人在其中保持开放,就会指向“超验”(Transzendenz):“在临界境况中,人将摆脱或超越一切不断流转的世间存在,或者指向虚无,或者感到真实的存在。”[11]也就是说,人也因失败而意识到临界。雅斯贝尔斯认为,当一个人体验到“临界境况”的时候,他便站在了“超越者”的面前,从而超越一切具体概念、逻辑、可理解性。但一旦一个人超越了经验之后,世间的一切都可能成为超越者的“暗号”(Chiffre)。人以其理性在这些“暗号”之中寻找意义,从而开启哲学的信仰。自然,“悲剧知识”也是破解这些暗号的形式之一。

也就是说,按照雅斯贝尔斯的想法,人是在“临界境况”中实现向“超验”的转化的。因此,雅斯贝尔斯在他的哲学中给予人们一种“超越意识”(Transzendenz bewusstsein)。雅斯贝尔斯在《论真理》一书中,之所以要对“悲剧”进行分析,是想以此为例来说明超越的重要性。

雅斯贝尔斯的哲学被称作“实存哲学”(Existenzphilosophie)的

原因，在于他特别重视“实存”的意义。雅斯贝尔斯将实存看作他的哲学中心，而理性又是其认识主体。他认为，与普遍意识、现实存在和精神对世界存在的描述不同，实存是人的可能性存在。实存的基本范畴是自由、历史性和交往，这也是实存澄明（Existenzerhellung）的方式。而自我达到实存就表明前三者对世界的把握都已经失败了。实存实际上是雅斯贝尔斯哲学的出发点和基础，但“如果没有超越便没有实存，这是实存的结构”。[12]“临界境况”是人生所不可避免的，它们限制着作为现实存在的人的行动和认识，而人的反抗往往遭到失败。雅斯贝尔斯认为，正是在挫败中，人才能摆脱作为现实存在的限制，成为真正的实存（Existenz），实现从现实存在到实存的超越。在雅斯贝尔斯看来，超越是实存的必要条件：人的真实存在、人乃至世界的一切归根到底都是超越。

在雅斯贝尔斯看来，人被“悲剧氛围”（die tragische Atmosphäre）所包围：

> 悲剧氛围就在恐怖、阴森中蔓延滋长，而我们则被弃置于其中。它是一种异质的事物，其加之于我们的威胁是无法避免的。无论我们身在何处，无论我们的眼睛看到什么、耳朵听到什么，它就存在于空气之中；无论我们做什么，无论我们想什么，都会被它摧毁。[13]

如果说悲剧是一种我们无法逃避，又必然要摧毁我们的氛围的话，那么这种氛围必然就是“临界境况”——人的存在本身就是悲剧。人只有在具有这种悲剧知识后，才算是真正的觉醒。[14]“人的伟大之处在于可以将人的可能性推向极限，并且，在临近极限之时，在自己知情的前提下走向死亡。”[15]也就说，在悲剧中根本不可能存在所谓的胜利者，斗争和冲突的双方都是失败者，但在失败中人的伟大之处在于，人在毁灭和失败的痛苦之中，超越了善恶。人正是在反抗不幸、克服悲剧的境况中，以挫折和毁灭为代价，使精神得到升华，实现自我超越。失败也就唤起了临界之超越的意识，而悲剧是人超越其有限的方法。通过观看有限事物的毁灭，人才能经历无限的存在和真理。人并非全能的神，因此人既渺小，同时也终有一死。但人却可能将自身的潜能发挥到极点，透过挫折和失败，乃至毁灭而表现出其自身的伟大！

## 三、雅斯贝尔斯“论悲剧”的体系

雅斯贝尔斯专门设了题为《本源直观中的真理之完成（以悲剧知识为例）》一节，对悲剧的问题进行阐述。“导言”的题目是《论作为本源直观的宗教、艺术和文学》，论述了作为做哲学的工具的宗教、造型艺术和文学。而这也是雅斯贝尔斯1932年在《哲学》中所论及的第二种暗号文字。[16]之后雅斯贝尔斯用了四个部分对悲剧进行了阐述：悲剧知识、文艺作品中的悲剧性对象、悲剧的主体性和悲剧的原则性解释。如果仔细分析这四个部分的内容，我们就会发现，雅斯贝尔斯是从客观和主观两个方面来考察悲剧的。客观方面是悲剧知识和悲剧对象，而主观方面则是主体性，主要从接受的角度来分析观众对悲剧的欣赏。之后，他特别从哲学诠释学的角度谈了人对悲剧解释的认识。通过以下结构图，我们可以很清楚地看到这四部分的内容及雅斯贝尔斯在这四个题目下所要阐述的问题：

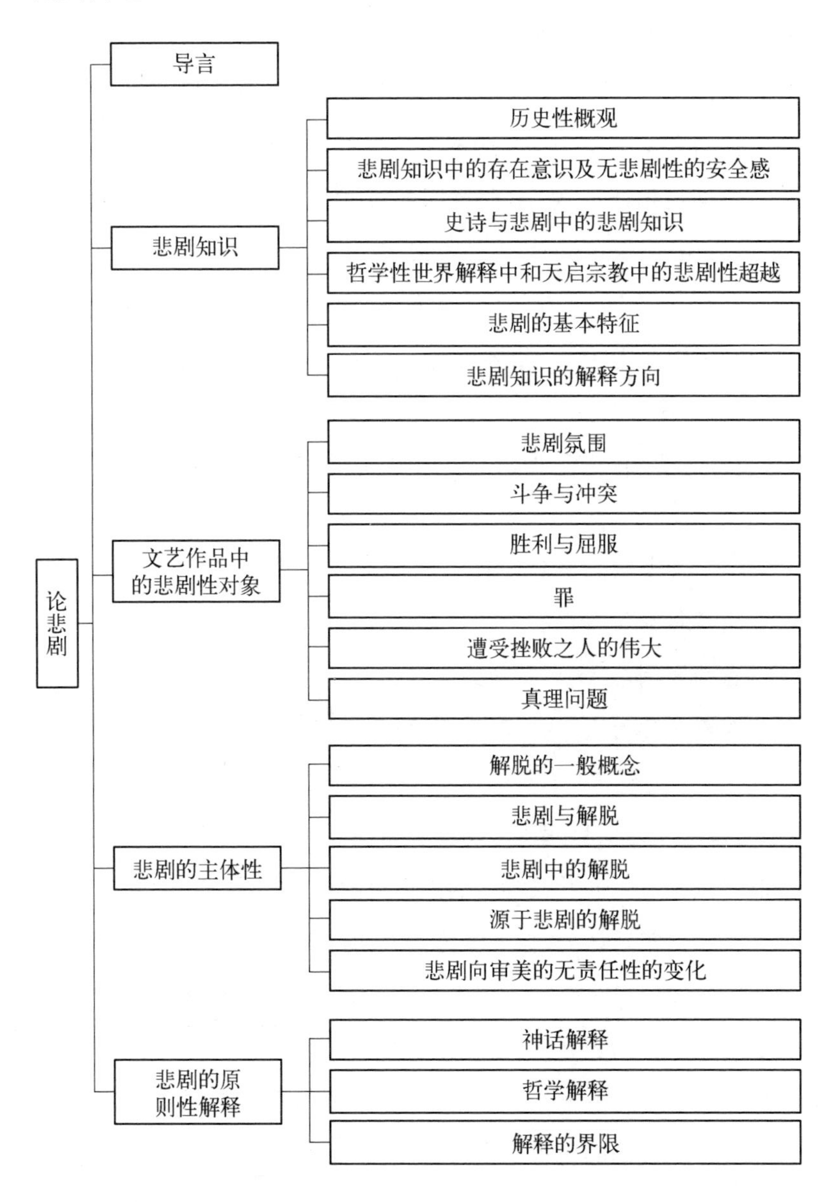

通过以上的结构图,我们大致可以了解雅斯贝尔斯有关悲剧的知识建构。由于英译者是将雅斯贝尔斯一部“大书”中的一部分抽出来作为单行本出版的,因此将结构作了调整,改为了六章。通过这样的调整,在英文版中,给人以一种介绍悲剧的入门书的感觉。译自英文的两个中文版本自然也都是六章的结构了。[17]

雅斯贝尔斯认为,实存澄明的方式之一是人与人之间的“交往”(Kommunikation)。在他看来,仅仅有自己的行为,人还无法完成从“现实存在”向实存的存在的转变,还必须要有交往。他之所以将“交往”作为其哲学的重要观念来看待,最主要的原因在于在一般的交往中,很少有真实自我之间的沟通,更多的是对表面和谐的伪装。在《哲学》第三卷《形而上学》的结尾处雅斯贝尔斯写道:

> 并非通过沉醉于已完成东西之中,而是通过观察世界现实存在的无情面孔时的痛苦之路,冲破交往中独特的自我存在的限制,才达到可能的实存。它不能予以规划,而且一旦成为希冀的对象,它便荒谬可笑:在失败中才能体验存在。[18]

这样,交往便将悲剧与超越联系在了一起,真理只有在交往中才能得以完成。而其最终目的是通过悲剧的超越,达到“统摄”。

雅斯贝尔斯认为,作为主体的人去认识客体的时候,会产生主客体的分裂(Subjekt-Objekt-Spaltung)。“分裂”意味着起初合而为一的整体被撕裂开来,也就是说根本上存在着一个未分裂的整体(das Ungespaltene)。[19]而这个未分裂的整体就是雅斯贝尔斯用“统摄”来表达的包容了世界上一切实存的事物,以及意识所能及或不能及的一切领域，是一个表示纯粹超越的存在概念。雅斯贝尔斯认为这个概念不可以用直接陈述的方式来定义，而只能用类似于“否定神学”（Negative Theologie）的方式予以“澄明”（Erhellen）——亦即从对象性的存在到非对象性存在的超越。在认识的过程中，虽然我们无法超出这种主客体的分裂，但由于我们充分意识到了这种分裂，因此获得了这一对象性的条件和临界，正是在这一临界之中，对象性的东西指向了“统摄”。[20]悲剧同样是以这种方式在临界境况之中指向“统摄”的。

## 四、悲剧与时代

雅斯贝尔斯有关悲剧的学说，是他在纳粹暴政时期就开始构思的一套理论。叶颂姿在其中文译本的《译者序》中写道：

> 卡尔·亚斯培（“雅斯贝尔斯”当时的译名——引者注）这位提出“存在主义”之名词的人道哲学家，在第二次世界大战之末，因看到狂傲残酷的独裁主义者所造成的惨劫，又鉴于真理之歧裂与实在之暧昧，乃在其巨著《真理问题》（*Von der Wahrheit*）一书中，替“悲剧”作了一番全面清理的工夫，以扫除弥漫于世界的哀鸿，并拯救那些因短视、懦弱而牺牲的无辜者。[21]

多伊奇在英文版“序言”中更加明确地表达了这样的一层含义，即雅斯贝尔斯的悲剧意识是时代造就的：

就是为了这幻灭的一代，战败的一代，亚斯培才写及悲剧。然而，是出自他们和他自己的悲剧经验之深处，以及作为泱泱大国之恶性劣迹的见证人而写的——阐明关于悲剧的实在与意义——为了世界上每个角落的人。

以其悲剧知识，亚斯培把悲剧实在与悲剧伪态划分得很清楚——此界限成为纳粹理想主义及其当今残党的最严厉底指摘。

他揭发了希特勒时代和葛林时代变成德国偶像之“一般所谓意志坚决的人”底昏聩，这种人也可能在世界性的原子弹竞争中再度成为偶像——人因为无法再度容忍长期的责任而急于行动。“那些除了决定之外什么都没有的人，”亚斯培提醒我们，“他们决断有力地保证，不假思索地服从，毫不质疑地蛮干——而事实上，他们陷入粗浅狭隘的幻觉里了。”[22]

因此，在雅斯贝尔斯看来，他对悲剧的关注，显然是与他对纳粹政治的认识以及自己在纳粹时代的“临界境况”有着极其密切的关联的。

在论述错误的悲剧解释中，雅斯贝尔斯认为有一种所谓的“唯悲剧”(das Nurtragische)，它取消了悲剧的对立紧张关系，悲剧就会绝对化，而我们就会跌入一个不会产生任何一部伟大悲剧作品的无底深渊之中。[23]雅斯贝尔斯指出：

虚无主义者的傲慢，会随着英雄的自我意识的慷慨悲壮所体现出的悲剧的宏大性而越发突出。严肃庄重在哪里消

> 失，悲剧的强烈的兴奋剂就会在哪里为体验带来虚假的严肃庄重。人们常常引证日耳曼精神、萨迦以及古希腊的悲剧。然而，在悲剧中人们都信仰什么，以及当时的现实是什么，则变成了不被信仰的虚无的代替物。[24]

单纯以追求审美为旨趣的悲剧，并不是以生存为基础，实实在在地去把握临界境况，并趋向超越者的。可见，对于雅斯贝尔斯来讲，“唯悲剧”实际上已经在他所经历的纳粹时代上演过，这也成为了对纳粹政权及一切极权主义者悲观论的控诉。所有这一切仅仅是一出虚假的闹剧而已，所表现的仅仅是某种虚假的价值。这对生存而言可以说是一种危险。

实际上，雅斯贝尔斯 1945 年以后出版的几部著作，除了《罪责论》集中讨论了战争罪责的问题之外，《论真理》和《论历史的起源与目标》也都有对战争悲剧的反思以及对纳粹政权的批判。作为《论真理》一节的《论悲剧》，当然也不例外。

## 五、有关悲剧知识

雅斯贝尔斯认为，只有将“悲剧知识”(das tragischeWissen)放入到一个具体的历史时代之中，才能予以认识。他指出：

> 悲剧知识的主要现象都是以历史形态出现的。它们在风格样式、内容题材及偏好的创作素材上，皆有其时代特征。没有任何关于具体形式的知识是不受时间限制的，或是普遍的。

> 我们必须在各个时期的真理中去重新把握它。相互间存在差异的悲剧知识的诸多现象,对我们而言都是历史事实。[25]

因此,悲剧是具有一定的历史性的,在各个方面都会打上时代的烙印。"伟大的悲剧起于时代的变迁之中(在古希腊与近代),每次都似乎经过了一个转化的过程,而终于审美教育现象。"[26]也就是说,政治、经济和文化的急剧变动时期,为伟大悲剧的诞生创造了条件。雅斯贝尔斯以欧洲为主要讨论对象对悲剧的历史做了提纲挈领式的概览:

> 1. 荷马——北欧神话传说集《埃达》和冰岛人的《萨迦》——从西方到中国的诸民族的英雄传奇。
>
> 2. 古希腊悲剧:埃斯库罗斯、索福克勒斯、欧里庇得斯——仅这三者而言,作为文艺创作形式的悲剧出现了。
>
> 3. 近代悲剧,三个国家的三种形式:莎士比亚、卡尔德隆、拉辛。
>
> 4. 莱辛。德国的精神陶冶的世界中流行的悲剧:席勒以及19世纪的一些作品。
>
> 5. 其他向存在发问的作品:《约伯记》、一些印度戏剧。
>
> 6. 克尔凯郭尔、陀思妥耶夫斯基、尼采作品中的悲剧知识。[27]

尽管这个概览很简单,却囊括了欧洲所有的悲剧作家,同时也将中国、印度和旧约文学中的《约伯记》也做了归类。在悲剧知识的六个典型中，雅斯贝尔斯认为，希腊悲剧和莎士比亚悲剧成就最大。为什么雅斯贝尔斯要强调所谓的“悲剧知识”，这是因为他要与“悲剧以前的知识”（das vortragische Wissen）进行比较。

雅斯贝尔斯认为：“悲剧以前的知识本身是圆满的与完美的。它关注人的苦难、不幸与死亡。某种深层的悲伤如同发自内心深处的欢呼一般，皆为这种知识所特有。在这种知识中，悲伤被理解为永无休止的循环，从生到死、死而复生的循环，和永无休止的变化。”[28]在悲剧以前的知识中，尽管看到了人类的痛苦、毁灭和死亡等“临界境况”，但所有这些仅仅被看作是历史无限循环的一部分而已。雅斯贝尔斯认为，在悲剧以前的知识中，人们寻求的并非历史性的运动，而是“一种既是有序的又是善的永恒现实的持续不断的重建”。[29]只要能够获得有关世界的和谐解释，悲剧的观念就不会产生。

雅斯贝尔斯认为，古希腊悲剧产生后，“悲剧知识”才开始成熟起来。尽管在这些悲剧中，神话作为素材依然存在，但作为残缺不全的悲剧知识，其“不同之处在于，充满于悲剧知识中的不再是沉静，而是不断提出的问题”。[30]“为何如此？何谓人？人由什么引领或操纵？何谓罪？何谓命运？何谓人类世界的秩序，这秩序又从何而来？何谓神灵？”[31]并且这些问题已经是哲学的问题了。悲剧一方面通过失败揭示人的存在，另一方面通过救赎而使人获得超越。悲剧已经引发了人心灵深处的颤动，使人不可能再像以往那样在临界境况中沉寂，而是要在悲剧之中实现超越。

亚里士多德认为，悲剧追求的是灵魂的净化（Katharsis）。但对于“净化”的理解，雅斯贝尔斯显然比亚里士多德更进了一步：

他认为"净化"涉及人的自我存在(das Selbstsein des Menschen)过程:

> 净化是一种对存在的敞开,一种源于亲身体验的敞开,但这种亲身体验不限于旁观,而更是涉事其中;净化还是一种对真理的占有,这种对真理的占有是通过清除我们的模糊不明、浑浊不清、肤浅不经而达致的,以避免它们限制与遮蔽我们的"现实存在"的经验。[32]

如果悲剧的目的是"净化"的话,那么在雅斯贝尔斯看来,"净化"也成为了达至存在的一种方式。亚里士多德之后的启蒙主义哲学对世界的解释以及启示宗教对原罪的认识,决定了在其中不可能有真正的悲剧。雅斯贝尔斯认为,从启蒙主义发展而来的普世哲学,建构出一种整体的和谐观,因此将所有的矛盾理解为相对的不和谐。悲剧也因此失去了其重要性。对于天启宗教来讲,"人因原罪而是有罪的,因恩典而得到解脱。当人不仅允许,甚至选择现实存在的苦难、矛盾及内心的分裂加于自身之时,他便背负起了十字架。这已不再是悲剧,而是在恐惧之中放射出的恩典的极乐光芒"。[33]因此,雅斯贝尔斯认为,基督教的解脱是与悲剧知识相对立的。由此,雅斯贝尔斯引出了悲剧的基本特征:

> 存在在失败之中展现。在失败中,存在并没有消失,反而完全地并明显地被感知。不存在没有超越的悲剧。在灭亡之际,反抗神灵和命运的单纯的自我主张就是一种超越,亦即对

> 人的本真的存在的超越;同时,也只有在灭亡之际,人才能发现并了解这种存在。[34]

真正的悲剧,并非仅仅是痛苦、失败、死亡、仇恨,而是在作为悲剧的“临界境况”中实现超越。没有超越就没有悲剧,只要有超越的存在,即便是毁灭,也显示着人的伟大。存在本身并没有在失败中丧失,而是更完全、更真切地被感受到。

雅斯贝尔斯认为,只有有了真正的悲剧意识,才能使悲剧成为现实。这种意识所把握的绝不仅仅是苦难与死亡,以及单纯的有限与无常。所有这些要具备悲剧性,必须要有人的行为。[35]尽管世间的希望和可能是无限的,但在悲剧中人会陷入一种一无所获、一事无成的境况之中,雅斯贝尔斯认为这是人的精神本质。[36]正因为如此,人才产生了对“解脱”(Erlösung)的渴求。当生命一开始就被通过信仰而带上解脱之路时,悲剧便作为已经被超越之物,先于直观而发生于超感觉的超越以及所有统摄的统摄之中。[37]在雅斯贝尔斯看来,悲剧从一开始就是他做哲学的一部分,是“本源直观中真理完成”的方式,也是达到他的哲学最高境界“统摄”的方式之一。

## 六、对《俄狄浦斯王》和《哈姆雷特》的重新解读

雅斯贝尔斯将艺术作品看作暗号文字来进行破译,而这个过程,也被他认为是进行哲学探讨本身。他认为,作为实存的艺术家是超出其艺术创作的。[38]在有关悲剧知识的解释方向中,雅斯贝

尔斯从诠释学的观点出发指出，没有任何一部作品是可以从根本上完全彻底地被理解与解释的。他进而指出："作品的产生并非决定于悲剧性艺术想象力，而是决定于哲学倾向。"[39] 从实存出发去探究真理的问题、知识的可能性以及知识的终极意义，这些都是雅斯贝尔斯论悲剧的主要目的，并集中体现在他对《俄狄浦斯王》和《哈姆雷特》的重新解读上。这些阐释绝非是仅在文学或美学立场上的分析，而是从实存哲学立场出发的阐述。

在一开始，雅斯贝尔斯就写道："俄狄浦斯是一个人，一个渴求真相的人。……因为渴望真相，所以，他意识到探寻会带来幸运或厄运，而幸运与厄运二者又同时被他掌握。"[40] 俄狄浦斯背井离乡，因而浑然不知地杀死了自己的亲生父亲，娶了生母。俄狄浦斯正是由于对知识的执着追求，而陷入了困境。"渴望真相和智力超人的俄狄浦斯永远都在那条他不想走的道路之上。"[41] 越是对真理的深入探讨，越是对知识的真诚追求，越是会陷入难以自拔的"临界境况"，而正是在这一境况之中，超越得以实现。俄狄浦斯对自己身世的追问过程，同样是自我毁灭的过程，但这同时也是真理得以彰显的过程。真相大白于天下后，俄狄浦斯戳瞎了自己的双眼：

> 因为知情与命运，俄狄浦斯遭到了厄运，而通过神的旨意，他又与新的价值相结合。他的尸骨保佑着他安息的土地。人们关怀死者并敬拜他的坟墓。在俄狄浦斯的内心之中发生了和解；随着他坟墓的神圣化，在世事变迁的过程中也发生了和解。[42]

在目睹俄狄浦斯王的悲剧时，我们领会到了他的生命感受，毁灭本身实际上是生存的胜利，对弑父娶母行为的憎恶也转变为对俄狄浦斯的敬仰。

在对《哈姆雷特》的分析中，雅斯贝尔斯认为“整部戏表现的就是哈姆雷特对真相的追寻。”[43]但“真相”远远超出他最初设定的目标：“真相的内容远不止于此：世界的总体状态是这样的，这种事可能会发生，而它有可能会隐而不显，如今它又逃避着，不愿被公开。”[44]复仇的前提是对事实的执拗追求，而在探寻真相的道路上是得不到解脱的，他遇到的是更多的未知的东西。“哈姆雷特对真相的知晓及对知晓的渴望将其与世界相分离。他不可能存在于这世界之中，同时又与这个世界相适应。”[45]因此，哈姆雷特所面临的是“临界境况”的问题：

> 这是由命运带来的一个无知的空间，一种对临界的恒久感受。临界那里是虚无么？临界并非预示着什么也不存在，通过文艺作品，我们似乎可以得到微妙含蓄的暗示：这临界似乎能包罗万有。[46]

得到了真实，使人变得更加无力：“真理无论以任何形式出现都会造成某种假象，这也正是该悲剧的悲剧性所在。……哈姆雷特的希望在灵魂被撕裂的过程中破灭了。”[47]

难道所谓的国家“政治神话”就不应当予以揭露？所有的政治信条理所当然应当受到批判性的检验，即便会引发政治上的不稳定。正如俄狄浦斯和哈姆雷特一样，雅斯贝尔斯认为，即便以失败为代价，对于真理的追求，以及坚持完善性和开放性的奉献精神都是值得的。[48]“为了真相，人一定要付出生命的代价吗？真相就是死亡么？”[49]不论是俄狄浦斯还是哈姆雷特，都没有在寻求真相之路上得到解脱。

## 七、悲剧的解脱

在雅斯贝尔斯看来，有关悲剧，除了相关的知识以及在文艺作品中得以形象化了的对象，如“悲剧氛围”、“斗争与冲突”、“真理问题”等之外，还有对悲剧主观方面的认识：解脱。

雅斯贝尔斯认为，一出悲剧既要将其中的英雄运用悲剧知识予以刻画，同时也要将观众带入其中，如此便产生了源自悲剧的解脱，或者对原本存在的追问。[50]换句话说，只有悲剧英雄和观众同时都进入了悲剧知识之中，这一作品才能被称作真正的悲剧。只有当观众与悲剧英雄融为一体的时候，观众才可能体验到发生在悲剧主人公身上的“临界境况”，才可能产生“并非心软的惋惜意义上的同情，而是自我置身其中的存在的意义上的同情”。[51]观看悲剧就是解脱，同时也是超越。但雅斯贝尔斯认为，有两种本质上完全不同的解脱方式：一是悲剧中的解脱，二是源于悲剧的解脱。这两种解脱的区别在于，前者悲剧依然存在，人在其中通过战胜悲剧而获得解脱。而后者悲剧本身消失了，所谓“实现对悲剧的克服”，[52]从而让悲剧成为过去。

在悲剧中的解脱是观众从悲剧中受到感动而引发的：“观众兴奋的整个心理过程，由在直观中不断增长的知识所引导，将其带入与存在本身的如此的联系之中，由此，观众在现实生活中的精神态度便获得了意义与动力。”[53]雅斯贝尔斯列举了四种对“悲剧中的解脱”的解释，以此来具体说明以往是如何解释悲剧感动的源泉的。第一种是把悲剧英雄“移情”到自身。在悲剧主人公身上看到了自己的希望：“无论发生什么，一定要坚定不移。”[54]在临界境况之中，以“英勇不屈体现了人的尊严与伟大”。[55]正是在这其中，人意识到了自身的潜能。第二种是在有限事物的毁灭中，体会到无限事物的真理。“有了个体的伟大，个体为之牺牲的整体的存在才被表明。悲剧主人公与存在相结合的同时，走向了覆灭。”[56]第三种是在观看悲剧时，通过悲剧知识产生尼采酒神精神的生命感。“在厄运之中，观众不经意间发现了存在的欢腾，在所有的破坏之中，这存在被永久地保存下来，并在挥霍与破坏之中，在冒险与覆灭的过程之中，认识与了解到自己至高无上的权力。”[57]第四种是悲剧直观带来的心灵的净化。“从情感的激荡之中产生了情感的升华。情感的自由似乎就是经过整理后的情感冲击的结果。”[58]

雅斯贝尔斯在最后总结的时候认为，所有这些解释的共同之处在于，在悲剧中观众会体验到以失败而告终的存在，它超越了苦难和恐怖，是迈向事物的原因的根基。[59]

雅斯贝尔斯认为“源于悲剧的解脱”有三种：一是古希腊悲剧，二是基督教悲剧，三是哲学悲剧。有关古希腊悲剧，雅斯贝尔斯认为有三大悲剧作家。在埃斯库罗斯的《欧墨尼得斯》和索福克勒斯的《俄狄浦斯在科洛诺斯》中，主人公因不知情而犯罪，或因内疚而毁灭，但为人所确信的神圣的存在，使这些悲剧主人公屈从神意，并牺牲自我的意志与现实存在。[60]只有在欧里庇得斯的作品中不存在源自悲剧的解脱，其意义被消解了。诸神被命运所替代。[61]雅斯贝尔斯指出，基督教不承认真正的悲剧的存在。因为在那里，一切的悲剧仅仅具有一种过渡的性质，绝非最终的存在。基督徒认为，正是神的恩典将人从世界的极度虚无与惊人的自我毁灭中解脱出来。[62]雅斯贝尔斯以莱辛的《智者纳旦》为例，说明了哲学悲剧会通过人性，在交往的过程中予以实现。“如果这种调和是源于发生在爱的斗争的深处的人与人之间的交流及由此而建立起来的联系，那么这便不是错觉，而是在克服悲剧的过程中，“人之存在”的实存性课题。正因为这个原因，我们才可以在不自欺欺人的条件下，把握对悲剧的形而上的克服。”[63]悲剧也因而获得了形而上学的意义。

## 八、悲剧的形而上学基础

西班牙哲学家莫拉在论及维特根斯坦的时候，说过一段非常精彩的话：

> 有些哲学家，如海德格尔，让我们看到了一个全然虚无的世界；另外一些哲学家，如萨特，向我们展现了一个完全是厌恶的世界；卡夫卡和卡谬向我们展示的是一个荒谬绝伦的世界。[64]

但雅斯贝尔斯在其存在哲学中向我们展示的却是一种超越的哲学。与其他在美学和文艺学上卓有建树的哲学家不同，雅斯贝

尔斯只是在阐述自己的哲学学说时,对悲剧进行了美学意义上的诠释而已。他指出:

> 悲剧直观是一种方式,人的困境被视为形而上地固定于这种方式之中。如果没有形而上的根基,那么存在的仅是苦难、悲叹、不幸、堕落和失败,因而,悲剧首先揭示的是超越性的知识。[65]

只有通过形而上学意义上的超越,悲剧才能显现出古希腊戏剧和莎士比亚作品的无限深度。反之,悲剧会逐渐堕落到一般人所追求的消极娱乐的水准上。雅斯贝尔斯也借此批判了 19 世纪所谓的"新悲剧","这是一种用符合审美标准的演出盛况来描绘的非现实性"。[66]正如赖歇所指出的一样:

> 作为一切意识之反应的暗喻,了解诗、艺术和宗教何以闯入亚斯培的哲学领域——超越逻辑和语文学之外。人类失败的共同经验完全迥异地表现在个别形式里,也因此证实为真实的。亚斯培细察一切形式——包括诗式的悲剧,以作为透视我们的困境底线索。[67]

只有理解了雅斯贝尔斯的"暗喻"(Metaphor),才能理解他之所以在《论真理》中专设一节讨论悲剧的原因。他指出:

> 所有真正存在及发生的事物都被悲剧从无数角度审视;

所有可能在人身上发生的事情都被悲剧在一个追求安宁的终极目标之中预示与引发出来。[68]

在雅斯贝尔斯那里,历史中的悲剧知识成为我们理解存在的方式之一,悲剧是他阐明真理的重要手段和工具。

## 九、有关中国没有悲剧的问题

雅斯贝尔斯认为,在佛教传入中国之前,中国是没有真正意义上的悲剧的。原因在于中国人对于世界的解释总是和谐式的,并且过着圆满的现实生活。对此,雅斯贝尔斯写道:

在那里(指中国——引者注),所有的悲惨境遇、不幸以及邪恶都仅是一时的短暂的侵扰,而不会一直存在。那里没有对世界的恐惧,没有对世界的摒弃,没有对世界的辩护,也没有对存在与神灵的谴责,有的只是悲叹。那里没有绝望中的矛盾,却有静静的忍耐与死亡。那里没有解不开的纠葛,没有令人不齿的黑白颠倒;所有的一切本来都是美好与真实的。在上述过程中,可能会经历恐怖的与令人惊愕的事物,然而这些事物对于被悲剧意识照亮的文化而言同样是广为人知的。那里,生活氛围轻松愉快,没有斗争也就没有反抗。依据某种深远的历史意识,人与万物的太古的根基建立了联系。他寻求的不是历史性运动,而是一种既是有序的又是善的永恒现实的持续不断的重建。哪里出现悲剧意识,哪里就有某种非

> 同寻常的事物的消失；没有悲剧性的安全感，自然的、崇高的人性，在这世界上的家园存在感，以及具体直观的丰富性，这些都曾实际存在于中国。在日常的、普通的面孔之中，与闷闷不乐、拘谨羞怯的西方同时存在的，是开朗活泼、无拘无束的中国。[69]

这并不是说，生活在公元1世纪以前的中国人就没有经历过痛苦、毁灭和灭亡等临界境况，只是他们将这些看作是无限循环中的一部分，用一种非历史性的知识来予以认识。

有关中国文化没有悲剧的说法，并非仅仅出现在《论悲剧》中，在1949年出版的《论历史的起源与目标》一书中，雅斯贝尔斯同样强调了这一点：

> 中国就是一个反证，它尽管为轴心时代创造了丰富的内涵，但它既没有悲剧意识，也没有英雄史诗（在中国直到公元后的几个世纪，才出现了可以与英雄史诗相比的东西，这一时期相当于我们的民族大迁徙时代，当时是长期的战乱，外来的新民族大量涌入）。[70]

尽管没有悲剧意识并没有影响到中国人对人类轴心文明所做出巨大的贡献，但雅斯贝尔斯依然认为，中国文化缺乏因遭遇到苦难、毁灭时所表现出来的旺盛的生命力和抗争本性，以及由于陷入苦难或毁灭境况之中而显示出的强烈的超越意识。因此，在这一点上，中国与西方有着本质的区别：

> 因此，西方人就可能用这样的方式来体验世界的现实性，即以无法解释的深刻意义来认识失败。悲剧精神同时成为了现实和意识。只有西方懂得了悲剧。[71]

所谓的悲剧意识，实际上是人的自我发现，是人的自觉，人被唤醒，意识到自己所处的临界境况，因而为各种不安所驱动着。“因为他不满足于任何的稳定，所以没有任何稳定的状态可以持久。随着悲剧知识的产生，开始了某种历史运动，这种历史运动不仅发生在诸多外部事件之中，而且发生在‘人之存在’的深处。”[72]在雅斯贝尔斯看来，悲剧显露在人追求真理的绝对意志里，它代表“人之存在”的终极不和谐[73]。包括个别与普遍的斗争、各种生存原则之争、人神之争以及神与神之间的斗争在内的各种对立和冲突，才促成了悲剧性的存在。[74]必须抛弃一切将世界想象为一种和谐的幻想，才能把握住现实存在的不和谐，才能由此不和谐跃向实存。

这些论述引起了很多中国学者的不满，他们纷纷撰文立说，反驳雅斯贝尔斯的观点。[75]

## 十、面向普通人的做哲学

雅斯贝尔斯一生致力于做哲学的普及工作。他认为，每一个人都应当进行独立思考。他从来不认为他的哲学思想仅仅是为少数学院中的同行准备的。因此，在他到了巴塞尔之后，他应瑞士广播电台的邀请，做了12次有关哲学的演讲，后来结集出版了《哲学入门》。[76]即便是他针对专业学者讲述的有关“超验”哲学的《论真理》，也会通过“悲剧之超越”的例子，向读者具体说明如何通过文学的形式实现哲学上的突破。

雅斯贝尔斯的大部分著作都可谓雅俗共赏的作品，很少有过于晦涩难懂的专用名词。就《论悲剧》来讲，赖歇认为：

> 一个哲学家不可以冒险去接受文字之术语及美学观的诱惑。因为它们把“失败是更深之顿悟及不断奋斗的来源底有限知识”掩藏起来了。亚斯培就是这样子的。从这儿，我们很容易看出他的风格的渊源：他的避免使用术语、公式、口号，他的使用暗喻以传达普遍性，以及暗喻之失败。他很了解真诚的增加是困难的，并且也无济于事。我们都宁愿重蹈规整的公式，而不愿亲身涵涉于哲学过程。然而，他还要求我们把哲学里的暗喻看成一种挑战而不是退缩，一种寻找不仅是幻景而是真实的东西。[77]

因此，《论悲剧》不论是其语言，还是雅斯贝尔斯在其中所选的例子，如俄狄浦斯和哈姆雷特，都是一般人耳熟能详的。他以令人惊讶的方式对这些悲剧进行重新思考，他所表达的悲剧超越思想的结论，令大部分读者惊讶并赞叹不已。

在他最为“系统化”的有关实存哲学的著作《哲学》中，雅斯贝尔斯认为，真正的解脱是只有在现实的生活内容的基础之上才能得以实现的对艺术的暗号解读。[78]

尽管如此，雅斯贝尔斯也常常会使用一些独创的方式来表达

自己的哲学思想,但这并不是每个人都能理解的。施太格缪勒对此评价道:

> 一般读者都不理解他著作中的许多隐喻;因为要达到那种理解,就必须先具备对哲学的各个学科、哲学史以至于这个精神领域的广博知识。[79]

因此,尽管雅斯贝尔斯希望所有的人都可以读懂他的著作,但毕竟只有极少数的人才能真正理解他的学说。

## 十一、译本及中文语境下的研究情况

上世纪70年代末至80年代初开始的“美学热”,一直持续到80年代末,今天我们所知道的现象学、存在主义、结构主义等哲学流派最初都是在这一时期以所谓“美学”的名义介绍进来的。大量的翻译著作,使得人性得以解放。当时不仅从欧美国家直接翻译了一系列的原创著作,也从日本引进了相关的论著。《悲剧的超越》就是在这样的一个大背景下被引进到中国的。

由于出版得比较早,蒋孔阳主编的《二十世纪西方美学名著选》的第十三章《存在主义美学》,[80]只选了海德格尔、萨特和梅老-庞蒂(今译作“梅洛-庞蒂”)的相关文论。没有选入雅斯贝尔斯有关悲剧的译文。[81]

1987年辽宁人民出版社出版了曾任东京大学教授、著名美学学者今道友信等著的《存在主义美学》一书。[82]其中有《雅斯贝斯艺术哲学》一章，由井村阳一撰写。这一章除了“序言”之外，共分为四个部分，系统介绍了雅斯贝尔斯的艺术哲学：一、世界定位中的艺术，主要是对雅斯贝尔斯 1932 年出版的《哲学》第一卷《世界定位》中有关艺术论的部分进行论述；二、作为实存哲学的艺术家，涉及雅斯贝尔斯曾经论述过的诸如荷尔德林、梵高、歌德和达·芬奇四位作为哲学家的艺术家；三、作为超越者暗号的艺术，在这里井村阳一所处理的是《哲学》第三卷《形而上学》中将艺术看作是超越者的暗号；四、悲剧，对《论真理》中的《论悲剧》部分进行了系统的梳理。到目前为止，井村阳一的这篇文章，依然是有关雅斯贝尔斯艺术哲学中特别重要、特别深入的研究成就。井村阳一在文后附有“雅斯贝尔斯著作目录”，罗列了雅斯贝尔斯从 1913 年至 1962 年的 28 种著作，他认为其中有 7 种涉及美学和艺术。[83]汉语世界的成果，基本上只是对《论悲剧》中的内容的复述，尚未见有学者参考雅斯贝尔斯其他相关的著作对其艺术思想进行系统的研究。

在《论悲剧》德文版单行本出版的 1952 年，美国也出版了由赖歇、莫尔以及多伊奇合译的英译本《仅有悲剧是不够的》。[84]

《论悲剧》中文版译本的情况如下：

由英文翻译而来的版本有：

1. Karl Jaspers 著，叶颂姿译《悲剧之超越》，台北：巨流图书公司，1970 年。[85]

2. 雅斯贝尔斯著，亦春译《悲剧的超越》，北京：工人出版社，1988 年。[86]

3. 雅斯贝尔斯著，徐信华译《悲剧与超越》，收入余灵灵、徐信华译《存在与超越——雅斯贝尔斯文集》(“猫头鹰文库”第二辑),上海:上海三联书店,1988 年。[87]

由德文翻译而来的版本有:

1. 雅斯贝斯著,吴裕康译《悲剧知识》,收入刘小枫主编《人类困境中的审美精神——哲人、诗人论美文选》,上海:知识出版社,1994 年。第 441 - 491 页。[88]

2. 雅斯贝斯著,朱更生译《悲剧论》,收入《卡尔·雅斯贝斯文集》,西宁:青海人民出版社,2003 年。第 431 - 491 页。[89]

除了英译本和中译本之外,此书尚有:法语(1949/1953)、意大利语(1959/1987, 1970, 1977)、日语(1955, 1965)、韩语(1962/1968/1975)、希腊语(1990)、波兰语(1990)、西班牙语(1960)译本。[90]

1970 年叶颂姿的译本《悲剧之超越》将英译本多伊奇的《绪言——悲剧与卡尔·亚斯培》(Introduction: Tragedy and Karl Jaspers)以及赖歇的《后记——亚斯培风格之来源》(Postscript: Sources of Jaspers' Style)翻译成了中文,这两篇文章实际上是最早出现在中文世界的对雅斯贝尔斯悲剧进行研究的文章。《绪言》主要交代了雅斯贝尔斯哲学,特别是其悲剧观的一般背景。《后记》则通过语言与思想的关联以及哲学语言的地位两个方面讨论了雅斯贝尔斯语言风格的来源问题:

> 我们将要解释翻译亚斯培的书所遇到的困难乃是直接由于风格之性质——流畅、综观、隐喻之浓馏——这些都根植在他的思想中。[91]

1988年亦春的译本在大陆出版发行，这两篇译文同样附在了译本之中。对于中文世界的研究者来讲，这两篇论文对了解雅斯贝尔斯悲剧产生的背景及其悲剧思想都产生了重要的影响。

中国大陆关注雅斯贝尔斯的悲剧研究，是从1989年开始的，当年内蒙古师大外语系的王晓秦撰写了《简论雅斯培的悲剧观》。[92]从这篇文章的题目，我们可以知道这是根据叶颂姿译的《悲剧之超越》为底本进行分析的。从上世纪90年代开始，出现了一系列有关雅斯贝尔斯悲剧研究的文章，基本上都是从美学或文艺学的角度，来探讨雅斯贝尔斯的"美学观"。进入新世纪后，也有三部相关研究的硕士论文。[93]实际上，即便在德国的雅斯贝尔斯研究当中，也很少见到有关他的悲剧论的研究成果。

遗憾的是，大部分的论文，包括学位论文，基本上是在中文语境下，对《悲剧的超越》或之前的《悲剧之超越》观点的总结，没有从语文学的角度对雅斯贝尔斯所使用的概念本身进行过分析和讨论，同样也没有从《论真理》的德文原本出发的研究。很多的论文都是相互之间的转抄，其中的很多观点也是低水平的重复。

1980年代末，大陆已经有一些对于雅斯贝尔斯哲学的介绍，当然也有一些对他哲学思想的相关评论。毕治国在《从事哲学即是学习死亡——雅斯贝尔斯》一文中，对雅斯贝尔斯有关实存哲学的几段话进行了评述，他认为：

> 他(指雅斯贝尔斯——引者注)所谓的按照超越存在的尺度从事实践只不过是隐晦地表明唯有献身上帝才是人生的归宿。他和神学家一样，把神、上帝尊为至高无上的，人只能对

> 其顶礼膜拜。……为了维护宗教的权威，他极力贬低哲学，甚至要抛弃哲学。可见，雅斯贝尔斯由哲学家成为神学家，企图靠天启获得对死亡存在的“超越”。[94]

尽管雅斯贝尔斯强调“超越意识”，但他认为基督教太具体地表达了那个“不可理解的超越性”。他认为，一个可以被认识的人格的神乃至信仰中的许多观念都是他完全没有办法接受的。以上对雅斯贝尔斯的指责和批判，只是当时惯用的一些汗漫之言而已。

1990 年代有关雅斯贝尔斯悲剧的研究，尽管其中一些观点被认为有其独到之处，但也都会从马克思主义文艺理论的角度出发对雅斯贝尔斯做一番批判。直到现在，在有关雅斯贝尔斯悲剧观的讨论中，依然充斥着各种奇怪的论调。有学者认为，雅斯贝尔斯悲剧理论的最大缺陷在于其对人生和社会的绝望情绪：

> 显而易见，他（指雅斯贝尔斯——引者注）的悲剧论深深地沉浸在基督教“原罪”说的影响之中，充分体现了雅斯贝尔斯对人生和社会的悲观、绝望的情绪。这是他的悲剧理论的最大缺陷。[95]

雅斯贝尔斯在《德国的战争罪责问题》中更加系统地讨论过有关德国人的罪责（Schuld）问题，而他有关悲剧的论述仅仅有很少的部分涉及罪责的问题，因此绝无可能“沉浸在基督教‘原罪’说的影响之中”，更遑论所谓悲观的情绪了。有学者甚至认为雅斯贝尔斯是彻头彻尾的荒诞主义者：

> 但无论雅斯贝尔斯怎样辩解说他的悲剧观不是悲观主义，他的悲剧理论和实存哲学都得面临这样的诘问：因为他的实存哲学和悲剧观都是从荒诞性、否定性、荒谬性出发的，那么怎样得出一个对人肯定的结论呢？这怎么可能？雅斯贝尔斯的哲学和悲剧观没有提供这样的保证和可能性。按照他的理论，那通向绝对者的路完全是由否定、失败、孤独和荒诞铺就的，绝对者的现身也是通过这些否定性方面向人走来的，那么处于超拔状态的绝对者向走在荒诞路上的实存的人显现的除了冷漠、无动于衷、不可颠覆和绝对的权威外，又会是什么呢？当实存的人通过悲剧的知识皈依这绝对者的形而上怀抱时虽然确实能获得形而上的安宁，但这安宁向人证明了什么、又意味着什么？它除了证明此在存在的荒诞性、不可理解性，以及人的此在存在的荒谬性就是人的命运外，就是要人安宁地归附于这命运，认可这命运，接受它并安之若素。更何况人通达绝对者的道路也是既无绝对的把握，也没有任何保证，只能在荒诞的路途上、在一次次失败中窥见那绝对者的闪现的面孔，那么，这绝对者向人显示的意蕴只能是一种否定性的东西，人的命运就是悲剧，就是失败，这就是他的终极现实，就是他的终极存在。[96]

好像雅斯贝尔斯的悲剧论的核心理论是从荒诞性、荒谬性出发而得出来的。在此处，论者所谓的“冷漠、无动于衷、不可颠覆和绝对的权威”也跟雅斯贝尔斯及其悲剧学说完全没有关系。

反过来，我们来看1952年出版的《悲剧之超越》的英文版多伊奇在《绪言》中对雅斯贝尔斯哲学，特别是对其悲剧论的认识：

> 亚斯培是开放、充分准备、马不停蹄地前进、谦虚而仁慈的哲学家。他被称为“游移不定”的哲学家，从他的著作里，我们可以得到许多暗示，他自己很可能也承认这个封号。他极端反对过分炫张及过分早熟地锁闭学识探讨的偶像崇拜。这种哲学思考模式与亚斯培所获致的洞悟，对于帮助我们了解自我和自我情境，可以说是颇为适当而有益的。[97]

多伊奇对雅斯贝尔斯哲学的把握还是准确的，特别是雅斯贝尔斯的开放性，以及对不论是基督教抑或是某种主义盲目信仰的反对，都显示出了理性的力量。尽管这篇《绪言》早在 1970 年就被翻译成中文，1988 年大陆的译本也予以了收录，但它似乎并没有阻止很多“美学家”们按照自己的臆想去理解雅斯贝尔斯的艺术哲学和悲剧观，这不能不说是一件十分遗憾的事。

## 十二、结论

作为哲学家的雅斯贝尔斯，以实存哲学的视角重新审视悲剧，建立了以悲剧知识为中心，文艺作品中的悲剧对象、悲剧的主体性、悲剧的原则性解释为内容的悲剧体系。在雅斯贝尔斯看来，真正的悲剧成立于诸如挫折、罪责和失败等临界境况之中。超越是悲剧的哲学内涵所在，而悲剧必然是实存哲学意义上的，悲剧英雄的伟大性体现在对悲剧命运的抵抗和斗争之中。悲剧作为“本源的精神直观”之一种，是完成人的真实存在的途径。所谓的实存悲剧，并没有让人感到有悲观主义的倾向，更多的是让人在超越中体验并发现存在的喜悦。

雅斯贝尔斯认为："哲学思想的目标和意义，并非获得有关某一个对象的知识，而是要改变我们对存在的意识以及事物的内在态度。"[98]这也是他希望透过悲剧的超越所要达到的目标。因此，他的悲剧学说也是用来诠释他的实存哲学的——但"仅有悲剧是不够的"(Tragedy is not enough)，因为悲剧产生的前提就是超越，正是在超越中蕴藏着悲剧的净化和解脱。

按照雅斯贝尔斯的观点，有两种对悲剧解释的基本原则：神话解释和哲学解释，但这两种解释都是不充分的，因此他谈到了"解释的界限"，认为对悲剧知识加以普遍化、固定化的认识，都是对悲剧世界观的颠倒。雅斯贝尔斯从来不认为他的哲学是一套完整的体系，同样，他对悲剧的认识，也只是他进行哲学探讨的一种方式而已。

对于包括悲剧在内的一切艺术，雅斯贝尔斯认为其真谛在于要在艺术作品之中读出超越性存在的暗号！对于雅斯贝尔斯来讲，尽管悲剧之中蕴含着很多的真理，但它是现实的基本概念，我们无法否认它或摆脱它。多伊奇就此写道：

> 他(指雅斯贝尔斯——引者注)似乎在暗示，我们所有的人都必须追寻超越悲剧之后的艰难底途径——这或许就是圣经要求人们以其"再生"去克服他们的限制，但仍然保持着"整体关系"的意思。[99]

只有经过超越才能获得"再生"。

## 注 释

[1] Karl Jaspers, *Von der Wahrheit*. (Philosophische Logik 1). München: Piper, 1947.
[2] Karl Jaspers, *Über das Tragische*. München: Piper, 1947.
[3] Karl Jaspers, *Philosophie*. 3 Bände (I. Philosophische Weltorientierung; II. Existenzerhellung; III. Metaphysik). Berlin:: Springer Verlag, 1932.
[4] Hans Saner, *Karl Jaspers*. Reinbek bei Hamburg: Rowohlt Taschenbuch Verlag 1970, S. 82.
[5] 参见本书第52页。
[6] Hans Saner, *Karl Jaspers*, S. 98.
[7] Karl Jaspers, *Philosophie* II: *Existenzerhellung*. Berlin: Springer Verlag 1932, S. 203.
[8] Karl Jaspers, *Philosophie* II: *Existenzerhellung*. Berlin: Springer Verlag 1932, S. 203.
[9] Hans Saner, *Karl Jaspers*, S. 99 - 100.
[10] Karl Jaspers, *Philosophie* II, S. 201ff.
[11] Karl Jaspers, *Was ist Philosophie? Ein Lesebuch*. Herausgegeben von Hans Saner. München: Piper, 1976. S. 43.
[12] Karl Jaspers, „Der philosophische Glaube angesichts der christlichen Offenbarung". In: *Philosophie und christliche Existenz*. Hrsg. von G. Huber, Basel-Stuttgart: Helbing & Lichtenhahn 1960. S. 30.
[13] 参见本书第20页。
[14] 参见本书,第8—9页。
[15] 本书第29页。
[16] Karl Jaspers, *Philosophie* III: Metaphysik. Berlin: Springer Verlag 1932, S. 131ff.
[17] 这六章分别为:第一章 悲剧意识(包括原"导言"及"悲剧知识"的前4节);第二章 悲剧的基本特征(包括"悲剧知识"后2节与"文艺作品中的悲剧性对象"前5节);第三章 真理问题(仅仅是"文艺作品中的悲剧性对象"前5节"真理问题");第四章 悲剧的主体性(等同于原书第三部分"悲剧的主体性");第五章 悲剧的基本诠释(包括原书"悲剧的原则性解释"的3节内容,只是第3节的内容不包括最后一部分);第六章 悲剧知识的不足(原书"悲剧的原则性解释"第3节内容的最后一部分)。
[18] Karl Jaspers, *Philosophie* III: Metaphysik, S. 236.
[19] Hans Saner, *Karl Jaspers*, S. 84.
[20] Hans Saner, *Karl Jaspers*, S. 87.

[21] Karl Jaspers：《悲剧之超越》，叶颂姿译，台北：巨流图书公司，1970 年，第 II 页。
[22] 同上书，第 4 — 5 页。
[23] 参见本书第 72 页。
[24] 参见本书第 72 页。
[25] 参见本书，第 5 — 6 页。
[26] 参见本书第 7 页。
[27] 参见本书第 6 — 7 页。
[28] 参见本书第 9 页。
[29] 参见本书第 10 页。
[30] 参见本书第 11 页。
[31] 参见本书第 12 页。
[32] 参见本书第 13 页。
[33] 参见本书第 14 — 15 页。
[34] 参见本书第 16 页。
[35] 参见本书第 16 — 17 页。
[36] 参见本书第 17 页。
[37] 参见本书第 17 页。
[38] Karl Jaspers, *Philosophie* I: Weltorientierung. Berlin: Springer Verlag 1932, S. 334.
[39] 参见本书第 18 页。
[40] 参见本书第 30 页。
[41] 参见本书第 33—34 页。
[42] 参见本书第 34 页。
[43] 参见本书第 34 页。
[44] 参见本书第 34 — 35 页。
[45] 参见本书第 35 页。
[46] 参见本书第 43 页。
[47] 参见本书第 46 页。
[48] Karl Jaspers：《悲剧之超越》，叶颂姿译，台北：巨流图书公司，1970 年，第 11 — 12 页。
[49] 参见本书第 46 页。
[50] 参见本书第 49 页。
[51] 参见本书第 49 页。
[52] 参见本书第 54 页。
[53] 参见本书第 51 页。
[54] 参见本书第 51 页。
[55] 参见本书第 51 页。

[56] 参见本书第 53 页。
[57] 参见本书第 53 页。
[58] 参见本书第 53 页。
[59] 参见本书第 53 — 54 页。
[60] 参见本书第 55 页。
[61] 参见本书第 55 页。
[62] 参见本书第 56 页。
[63] 参见本书第 59 页。
[64] 转引自毕治国：《死亡哲学》，哈尔滨：黑龙江人民出版社，1989 年，第 350 — 351 页。
[65] 参见本书第 49 页。
[66] 参见本书第 61 页。
[67] Karl Jaspers：《悲剧之超越》，叶颂姿译，台北：巨流图书公司，1970 年，第 110 页。
[68] 参见本书第 5 页。
[69] 参见本书第 10 页。
[70] 雅斯贝尔斯：《论历史的起源与目标》，李雪涛译，上海：华东师范大学出版社，2018 年，第 25 页。
[71] 同上书，第 76 页。
[72] 参见本书第 9 页。
[73] 参见本书第 19 页。
[74] 参见本书第 22 — 25 页。
[75] 中国是否有悲剧的问题，争论已久。1987 年，出版了据说是第一部系统阐述中国式悲剧的专著：曾庆元所著的《悲剧论》（西安：华岳文艺出版社，1987 年）。其后学界又出版了一系列专著，发表了一系列论文探讨这一问题。
[76] Karl Jaspers, *Einführung in die Philosophie. Zwölf Radiovorträge*. Zürich: Artemis 1950. 英文版：*Way to Wisdom. An Introduction to Philosophy*. Translated by Ralph Manheim. London: Gollancz 1951. / New Haven: Yale University Press, 1951. 译自英文的中文译本：周行之译《智慧之路》，台北：志文出版社，1970 年；柯锦华、范进译《智慧之路》，北京：中国国际广播电台出版社，1988 年。译自德文的中文译本：朱更生译《哲学导论》，收入朱更生译《卡尔·雅斯贝斯文集》，西宁：青海人民出版社，2003 年，第 1 — 97 页；鲁路译《哲学导论——十二篇电台讲演集》，收入鲁路译《哲学与信仰——雅斯贝尔斯哲学研究》，北京：人民出版社，2010 年。
[77] Karl Jaspers：《悲剧之超越》，叶颂姿译，台北：巨流图书公司，1970 年，第 111 页。

[78] Karl Jaspers, *Philosophie* I: *Weltorientierung*, S. 338.

[79] 施太格缪勒:《当代哲学主流》,王炳文、燕宏远、张金言等译,北京:商务印书馆,1986 年,上卷,第 269 页。

[80] 蒋孔阳主编:《二十世纪西方美学名著选》(上下卷),上海:复旦大学出版社,1988 年。

[81] 其实雅斯贝尔斯的《论悲剧》很难归在美学的范畴。1990 年伊格尔顿出版的《美学意识形态》(*The Ideology of the Aesthetic*, Oxford: Basil Blackwell, 1990)在存在主义哲学家中,只选了海德格尔。

[82] 今道友信等:《存在主义美学》,崔相录、王生平译,李泽厚主编"美学译文丛书",沈阳:辽宁人民出版社,1987 年。这本书在 1987 年 8 月第 1 次印刷便印了 39000 册。日文原版:今道友信等『芸術の実存哲学』,東京:美術出版社,昭和 51 年(1976)。由于当时"美学"俨然成为了一门显学,为了"吸引眼球",书名被翻译为了"存在主义美学"。

[83] 今道友信等:《存在主义美学》,崔相录、王生平译,沈阳:辽宁人民出版社,1987 年,第 183 — 184 页。

[84] Karl Jaspers, *Tragedy is not enough*. Translated by Harald A. T. Reiche, Harry T. Moore and Karl W. Deutsch. The Bibliography, Notes and Index were prepared by Harald A. T. Reiche. Boston: Beacon Press (= Seeds-Of-Thought Series), 1952.

[85] 我购得的一本是 1983 年第 5 次印刷本。此书 1970 年出版后,于 1974 年(印刷了 2 次),1980 年都有印刷。印数一定不小。

[86] 1988 年 6 月第 1 次印刷了 43210 册。这个译本除了将英译本的正文、序和后记全部译出外,还增加了《面临有限情境——雅斯贝尔斯日记摘译(1939 — 1942)》(第 125 — 149 页),这一部分译自:Karl Jaspers, *Basic Philosophical Writings, Selections*. Edited, translated with introductions by Leoard H. Ehrlich, Edith Ehrlich and George B. Pepper. Athen: Ohio University Press, 1986。

[87] 版权页上标注的 1988 年 9 月第 1 次印刷数为"1 — 00,000",我估计是 10 万册。

[88] 此书 1994 年由知识出版社出版时,印数为 3000;1996 年知识出版社合并到东方出版中心之后,又印了 10000 册。其后收入刘小枫选编《德语美学文选》(上海:华东师范大学出版社,2006 年),下卷,第 59 — 113 页。

[89] 此书于 2003 年 4 月第一次印刷了 2000 册。

[90] Christian Rabanus (Hrsg.), *Primärbibliographie der Schriften Karl Jaspers'*. Tübingen u. Basel: A. Francke Verlag 2000, S. 100 - 102.

[91] Karl Jaspers:《悲剧之超越》,叶颂姿译,台北:巨流图书公司,1970 年,第 107 页。

[92] 王晓秦:《简论雅斯培的悲剧观》,载《内蒙古社会科学》1989 年第 5 期,

第 90 — 94 页。

[93] 陈朗《论雅斯贝尔斯的悲剧学说》(苏州大学硕士论文),2003 年;唐广军《雅斯贝尔斯的生存论美学研究》(厦门大学硕士论文),2010 年;扬水远《雅斯贝尔斯悲剧理论研究》(湖南师范大学硕士论文),2014 年。

[94] 毕治国:《死亡哲学》,哈尔滨:黑龙江人民出版社,1989 年,第 418 — 419 页。

[95] 朱立元、张德兴等:《二十世纪美学》(上),北京:北京师范大学出版社,2013 年,第 407 页。

[96] 牛宏宝:《西方现代美学史》,上海:上海人民出版社,2002 年,第 451 页。

[97] Karl Jaspers:《悲剧之超越》,叶颂姿译,台北:巨流图书公司,1970 年,第 7 页。

[98] Karl Jaspers, *Vernunft und Existenz*. Groningen-Batavia: Bij J. B. Wolters' Uitgevers-Maatschappij, N. V., 1935, S. 48.

[99] Karl Jaspers:《悲剧之超越》,叶颂姿译,台北:巨流图书公司,1970 年,第 13 页。

# 人名索引

## D



## E



## F

## G



## H

**G**



**K**

## L



## M

**N**



**O**



**P**



**Q**



**S**

## T



## W



## X

Y



Z

# 事项索引

## C

## E



## F



## H



## J



## L

M



O



P



Q



R



S

## T



## X



## Y

## Z

# 译后记

《论悲剧》是雅斯贝尔斯所著《论真理》(*Von der Wahrheit*)的一部分。《论真理》是一部厚达 1102 页的鸿篇巨制,出版于 1947 年。雅氏这样系统性、纲领性的大作,还有 1932 年出版的三卷本《哲学》(*Philosophie*)以及 1957 年出版的《大哲学家》(*Die großen Philosophen*)。

《论真理》除导论外,分为三卷,第一卷名为"统摄的存在"(Das Sein des Umgreifenden),第二卷名为"认识的统摄"(Das Umgreifende des Erkennens),第三卷名为"真理"。第三卷又分为三章,第一章名为"真理与谬误",第二章名为"真理的诸形态",第三章名为"真理的完成"。其中,第三章又分为四节,第一节"哲学基本问题的典型系列",第二节"时间中的真理性存在的完成",第三节"本原观念之中的真理的完成(以悲剧知识为例)",第四节"做哲学中的真理的基础与完成"。从第三节中的第 915 页至 960 页提取的内容便是《论悲剧》。

雅斯贝尔斯在《论悲剧》中集中论述了悲剧的观察、思考与体验,以及悲剧的观念对于哲学的重要意义;并且,在书中依次论述了悲剧知识、文艺作品中的悲剧性对象、悲剧的主观性及悲剧的原则性解释四个大问题。从译者的角度看,雅氏在本书中论述的突出特点就是他将论述对象类型化的努力,例如,对悲剧中的斗争的类型化，对悲剧中罪的概念的类型化，将悲剧类型化为古希腊悲剧、基督教悲剧及哲学悲剧，等等。雅氏还在本书中大量引用了戏剧作品，例如索福克勒斯的《俄狄浦斯在科洛诺斯》和《俄狄浦斯王》，莎士比亚的《哈姆雷特》及莱辛的《智者纳旦》等。从中可以看出雅氏对这些作品的赞赏。如果读者在了解本书的脉络及论说方式的基础上，还能事先通读上述作品的话，那将会对本书的理解带来极大的帮助。另外，德文原著中的作品引文皆为德文，除了一处古代印度戏剧的引文的原文实在难以找到之外，译者为所有非德文作品的引文加注了出处，以供读者参考。

本书翻译所依据的《论悲剧》德文版本为 *Die Sprache. Über das Tragische*（Serie Piper, 1129），München Zürich: Piper, 1990。在翻译完成后，又与两个日译本及一个英译本进行了对校。它们分别是：橋本文夫訳『悲劇論』(「ヤスパース選集 3」理想社，昭和三十五年[1960 年])初版発行，昭和三十八年[1963 年]再版発行)；小倉志祥と松田幸子訳《真理について(5)》(「ヤスパース選集 35」理想社，1985 年第 1 版，2003 年第 2 版，頁一〇二～一九二)；以及英译本：*Tragedy Is Not Enough*, translated by Harald A. T. Reiche, Harry T. Moore, and Karl W. Deutsch. Boston: Beacon Press, 1952。在雅氏德文行文中的回指、主语或宾语的省略等问题上，常常出现两个日译本相同，但皆与英译本不同的情形；或一个日译本与英译本相同，但与另一个日译本不同的情形，令译者颇费思忖。但依照诠释学的基本观点，“翻译”(Übersetzung)就是

“解释”(Auslegung)[1],那么经典文本诸多解释间的分歧也是正常现象。

雅氏思想宏奥,译者水平有限,其中讹误尚祈读者不吝批评指教。

梁　靓

2020 年 7 月 27 日

[1] Hans-Georg Gadamer, *Wahrheit und Methode* (4. Auflage, Unveränderter Nachdruck der 3. erweiterten Auflage, Tübingen: J. C. B. Mohr[Paul Siebeck]), 1975, S. 362.

## 《雅斯贝尔斯著作集》(37卷)目录

1.《普通精神病理学》

2.《精神病理学研究》

3.《史特林堡与梵高——对史特林堡及梵高的比较例证所做的病历志分析的尝试》

4.《世界观的心理学》

5.《哲学》(三册)

6.《理性与生存》

7.《存在哲学》

8.《论悲剧》

9.《论真理》(五册)

10.《论历史的起源与目标》

11.《哲学入门》

12.《哲学学校》

13.《哲学的信仰》

14.《鉴于启示的哲学信仰》

15.《哲学与世界》

16.《大哲学家》

17.《尼古拉·库萨》

18.《谢林》

19.《尼采》

20.《尼采与基督教》

21.《马克斯・韦伯》

22.《大学的理念》

23.《什么是教育》

24.《时代的精神状况》

25.《现代的理性与反理性》

26.《德国的战争罪责问题》

27.《原子弹与人类的未来》

28.《哲学自传》

29.《海德格尔札记》

30.《哲学的世界史》

31.《圣经的去神话化批判》

32.《命运与意志——自传作品》

33.《对根源的追问——哲学对话集》

34.《神的暗号》

35.《阿伦特与雅斯贝尔斯往复书简》

36.《海德格尔与雅斯贝尔斯往复书简》

37.《雅斯贝尔斯与妻书》